中国这么美的
30个
自治州

带一本书去海北

西月 著

中国民族文化出版社
北 京

相映成趣 西月 / 摄

目录 | CONTENTS

CHAPTER 04

原子城——诞生“两弹一星”的圣地

CHAPTER 05

王洛宾与金银滩——只为途中与你相见

CHAPTER 06

历史遗迹——时光里的回声

CHAPTER 07
非物质文化遗产——传承文明的烛火

CHAPTER 08
海北美食——高原孕育的味蕾狂欢

CHAPTER 09
海北特产——绵延千年的乡土秘语

后记

秋果 郭守江 / 摄

CHAPTER 01

梦幻海北——五彩福地的邀约

大美青海，梦幻海北。

金色门源 老梅/摄

山宗水源，大美青海，五彩福地，梦幻海北。当你亲近这片神奇而美丽的土地时，一定会喜欢上这里。海北藏族自治州既是“青海省的北大门”，也是“青海省的后花园”，是人们心中“山宗水源，大美青海”的浓缩版。这里地质构造独特，交通位置重要，历史文化悠久，文物古迹众多，山水样貌多姿，动植物资源丰富，藏文化风情浓郁，是青藏高原腹地的一颗璀璨明珠。

海北藏族自治州自古以来是一个多民族、多文化的聚集地，民风淳朴，文化多元。全国有十个藏族自治州，青海就占六个，海北藏族自治州是其中之一。集自然之美、建筑之美、人文之美于一体的海北，是高原生态旅游的重要目的地，被誉为“梦幻海北”。青海省四个 5A 级旅游景区中，海北就有两个：被《中国国家地理》命名的“中国最美湖泊之首”的青海湖和祁连阿咪东索景区。全州被国家文化和旅游部公布为“国家全域旅游示范区”的县份占一半，境内有国家级爱国主义教育示范基地——原子城，“中国最美六大草原”之一的祁连草原风光，“全球十大绝美花海”的门源百里油菜花海，刚察高原海滨诗城等多个 4A、3A 级旅游景区，近 20 处“最美观景、拍摄点”。

高远与纯净之美 海北州土地总面积 3.4 万多平方千米，这里的地形地貌复杂多样，祁连山系的走廊南山、托勒山、托勒南山、达坂山等山脉，自西北向东南蜿蜒伸展，峰峦叠嶂，气势磅礴，构成了海北高原的主要骨架。这些山脉海拔大多在 4000 米左右；海北州的地势呈现出西北高东南低的态势，平均海拔 3654 米，大部分地区海拔 3000 米以上。贯穿全境的祁连山脉及它的支山脉在海北大地上似飞舞的巨龙，气势磅礴，是中国境内有名的山脉之一，是孕育神话、河流、冰川、矿藏、草原、动植物的生命摇篮，被誉为“万宝山”。

走进海北大地，壮美的雪山、幽深的峡谷、碧蓝的湖泊、辽阔的草原、茂密的林区、秀美的田园，各有风姿，各有其美。明朝将领、诗人郭登的《祁连山》描绘了海北独特的美。

就天青绝浩无愁，岩洞仙人对饮酒。
河穿黑峡涛声急，雪拥西山路野迷。
祁连高耸势窈窕，积素凝花尚未消。
记得绿波曾饮马，夜来胡马照弯弓。
东下珠固林海翠，西去金羊峰峦高。
举头犹有雪山横，俯首绿满祁连川。

踏入海北的那一刻，你会被一种扑面而来的高远与纯净所震撼。没有云彩的时候，天空如同蓝宝石一般，没有一丝杂质；云朵升起来时，如棉絮一样柔，恣意地舒展着身姿，仿佛伸手就能将它们揽入怀中。无论你走在草原、河谷，还是乡村、森林，美美吸一口气，肺腑间便会很通透，真正会有“透一口气”的美妙感觉。全州空气质量优良天数比达 95.3%，清新的空气仿佛被大自然精心过滤过，微风会毫不吝啬地把清凉的风送进你的肺腑，每一次呼吸都像是一场对身心的洗礼，让你在神清气爽中，增添探寻高原秘境的信心。

绿色海北，草原植被覆盖率达 70%，森林覆盖率达 18%，全州有 8 处生态科普基地、17 处自然保护地、18 所自然学校和

29个生态管护站。生态管护率达百分之百。漫长的冬季过后，植物们便争先恐后地展示生命的色彩。不同的季节有不同的香气，每年从3月份到10月份，在山间、草原、田野，空气里永远有花香缠绕着你。金露梅、银露梅、杜鹃、山丹、马先蒿、天山报春、羊羔花、狼毒花、毛茛、紫菀、龙胆、秦艽、柴胡、红景天等山花，在不同的季节中渐次开放，它们往往是一大片一大片盛开，银白、嫩粉、玫红、金黄、浓紫、宝蓝……在阳光下，

就那样恣意地绽放，芬芳弥漫在空气里。在乡村田野，蕨麻花、微孔草、翠雀花、苦菜花、蒲公英、打碗花、铁线莲、木梳花、蜜罐花摇曳生姿，地里的洋芋花、油菜花的清香紧紧围绕在你身旁。这里空气的 PM 值一直保持为优，这也得益于海北多年来始终将生态保护作为工作的核心要务，持续发力推进环境污染治理工作，从而确保了这片土地始终保持着青山绿水的自然风貌，成为生态宜居的美丽家园。

巍峨的祁连山 陈文年 / 摄

山与水的交融　站在海北大地上极目远眺，总有巍峨的雪山横亘在天地间，高、大、奇、险，圣洁、神秘，不由让人肃然起敬。年钦夏格日山、牛心山、岗什卡等雪山是当地人心目中的神山，流传着动人的传说。这些神山用厚实的身躯守护一方，给人一种安全、踏实之感。不同海拔的山有不同的景观，或银峰熠熠，峭壁林立；或松柏缠绕，秀色可人；或草色泛青，牛羊满坡；或云雾缭绕，如入仙境。其中，还有"色如渥丹，灿若明霞"的卓尔山。特别是在门源西到景阳岭之间的公路边，位于甘青要道有一处"双狮镇关"的天然石山景观，大有"两狮当关，万夫莫开"之势，是门源著名的古八景之一——"双狮镇关"。两头狮子在

俯瞰浩门川 陈文年 / 摄

这里守望祁连山上亿万年的明月，沐浴高原的狂风暴雪，淬炼成具有钢铁般意志的“战士”，守护在这里。“双狮”见证了丝绸南路上的声声驼铃摇醒了头塘达坂的雪、扁都口的风，向河西走廊而去；见证了东晋高僧法显从这里去往天竺（印度）求经；见证了隋炀帝西征吐谷浑；见证了王震司令员率军进祁连……巍巍祁连山为海北大地留下了传奇史诗，也道是，一座祁连山，半部家国史。

青海有“中华水塔”之称，海北的水资源也极其丰富。有巨大的天然“水库”青海湖，境内那些雪山、冰川汇成了 140 余条大小河流，这些河流源源不断地滋养着草原、农田。其中，黄河上游的重要支流湟水河发源于海北州海晏县，它汇入母亲河，在中华大地一路奔流到海。在海北的旅途中，你会出其不意地与一条奔涌的大河、一面宁静的大湖相逢，带给你意外的惊喜。河有百态，草原上的河流斗折蛇行，静水深流；山中的河水大刀阔斧，一路欢歌；乡村的河水欢快、调皮；小镇的河水浪漫、多情。总之，除了在雨季，这里的每一条河都是清冽、甘醇的，湖水总是那么澄澈、碧蓝，仿佛洗净人世的喧嚣，洗落你一路的风尘。

有两个国家公园的地方　山有千姿、水有百态的海北像一颗镶嵌在祁连山和青海湖之间的宝玉，资源富集，风光绮丽。蓝天白云下，远眺雪山银装素裹，巍峨壮丽，移步换景，或草原牛羊似繁星点点，或大湖碧波鱼鸟嬉戏，或田野村舍似世外桃源，或森林涧水原始古朴。其间，高原植物、花卉、鸟类、鱼类、珍稀野生动物为这片大地增添了生机与活力。绿水青山，自然生态之美，似流动的画廊，俗有“祁连归来不看山，刚察归来不看海，门源归来不看花”之说，给抵达这里的人们留下美好的回忆。

目前，青海是全国唯一一个三个国家公园在建的省份，其中，两个国家公园就在海北州。除了我国首批设立的三江源国家公园，青海湖国家公园和祁连山国家公园是海北在建的两大生态坐标，是全国少有的有两个国家公园的州。“双国家公园”面积占全州自然保护地总面积的 80%，具有重要的生态战略意义。祁连山脉是中国西部重要的生态安全屏障，它孕育了冰川、峡谷、草原、河流、森林、湖泊、生物、人文等，形成了完整而复杂的自然生态系统。无论是鱼鸟天堂的青海湖、祁连山下的黄金牧场、民歌传颂的金银滩，还是北国风光的岗什卡、风情浓郁的民俗村、岁月深远的古遗址，当你踏上这片热土，一幅幅原始、古朴，空旷、辽远，美轮美奂的天然画卷，会令你如痴如醉，回味悠长。

海北是珍禽异兽的乐园，是黑颈鹤、雪豹、普氏原羚之乡。在海北这片广袤的土地上，不仅有青海湖鸟岛和湟鱼洄游等鱼鸟生态奇观，更有旗舰物种黑颈鹤、雪豹、普氏原羚活动的身影。

鸟中仙子黑颈鹤，身姿优雅，品性高洁，是人人喜爱的吉祥鸟，气候寒冷时在云贵高原和雅鲁藏布江一带，气候变暖后又回到自己喜欢的草原、湿地生儿育女。有幸的人会在青海湖畔、刚察哈尔盖草原上、门源“乱海子”遇见它们。它们时而向天高歌，叫声清脆、空灵；时而翩翩起舞，舞姿优雅、动人。雪山之王——雪豹，是国家一级保护野生动物，被列入《国家重点保护野生动物名录》，据有关部门统计，在海北境内有 250 余只雪豹生活在这里。“守护雪豹，同道同行。”2023 年青藏高原雪豹保护联盟成立，在海北，对雪豹的保护，已成为海北人的自

门源老虎沟 老虎沟管护站/供图

海北草原风光 陈文年 / 摄

觉行动。

青海湖环湖区域，尤其是青海湖北岸的草原，是比大熊猫还稀少的中国珍稀蹄类动物普氏原羚的栖息之地。普氏原羚又叫中华对角羚，20 世纪 80 年代只有 150 只，通过妥善的保护，现在种群数量达到 3000 多只，但依然属于濒危物种，被列为国家一级保护动物，列入《国家重点保护野生动物名录》《世界自然保护联盟濒危物种红色名录》。它们机警、灵巧、可爱，雄羚头上长有一对环棱的黑色硬角，角尖向内对称，雌性无角，全身黄褐色，尾巴处有一个白色的桃形状，奔跑起来如离弦之箭，有“跃动的精灵，行走的黄金”之美誉。2007 年 12 月，国家首个普氏原羚专属保护区——“青海湖普氏原羚特护区”在刚察县哈尔盖地区建立；2009 年 9 月，“刚察县青海湖普氏原羚特护区保护站”正式挂牌成立，该区域总面积为 161.8 平方千米，区域内有稳定的七个普氏原羚种群，2017 年 7 月 14 日，刚察县哈尔盖镇被授予“中国普氏原羚之乡”的称号。普氏原羚，成为青海湖畔草原上一道流动的美景。

除了以上旗舰物种，你还会在岗什卡等地看到飞奔山崖的岩羊群；在祁连草原上看到盘旋的鹰隼、大鵟和温顺的鹿群；在仙米林区看到步履慵懒的蓝贵人——蓝马鸡；在浩门河畔看到成群的赤麻鸭，颇有仙气的疣鼻天鹅，绅士般的黑鹳、白鹳在嬉戏、打闹、飞翔、鸣叫。这些珍禽异兽，是海北丰富的数百种野生动物中的一员，旅途中若与它们相遇，必定是意外的惊喜。

红色文化高地 海北历史厚重，文化多样，是伟大的“两弹一星”精神的诞生地，是中华民族挺起脊梁的地方。在中华人民共和国建设初期，国家在金银滩草原上创建了中国第一个核武器研制基地，千千万万个科学工作者，胸怀祖国、无私奉献、自力更生、攻坚克难、勇攀高峰，成功研制出了中国第一颗原子弹和第一颗氢弹，取得了彪炳史册的伟大成就，壮了国威，扬了军威。这里便成为全国的红色精神高地、研学基地，原子城纪念碑、纪念馆、221 厂旧址、上星站、金银滩、同宝山等组成了完整的红色教育基地，给子孙后代留下了宝贵的“两弹一星”精神财富。

革命战争时期，红西路军在祁连浴血奋战，谱写了许多可歌可泣的英雄赞歌。走进卓尔山下的“祁连县红色研学基地”，会看到一幕幕感人的红西路军转战祁连的图文解说。1937 年 3 月 14 日，红西路军军政委员会石窝会议作出分兵的决定后，余部三个支队中的右支队一部在祁连境内夹道寺与敌骑发生遭遇战，取得了祁连山转战游击的第一个胜利。左支队在李先念、李卓然率领下向西转战，于 1937 年 3 月 20 日至 4 月 3 日穿越祁连，余部抵达新疆，为中国革命保留了一批经过生死考验、血火磨砺

青海湖 西月 / 摄

的优秀干部。祁连是中国工农红军西路军右支队游击地，也是中国工农红军西路军左支队转战地。在转战祁连的斗争中，红西路军面对高原复杂、严酷的自然环境，以及其他种种意想不到的困难，毫不退缩，不怕牺牲，勇往直前，在祁连大地上书写了一页感天动地的英雄史诗，如同璀璨的星辰照亮了历史的天空。青山无言，永怀碧血，红色革命精神永放光芒。

跨越千年的草原文明史 祁连山下好牧场，海北草原广阔无垠，牧草茂盛，牛羊成群，风光秀美。草原文明史的沧桑与厚重，使海北草原形成了自己独特的文化气质。

海北草原不仅是历代游牧民族生活的家园，也曾是羌、匈奴、吐谷浑、吐蕃、蒙古等多民族政权交替时金戈铁马、烽烟四起的战场，曾留下了隋炀帝、霍去病、张骞、法显、年羹尧等著名历史人物的足迹。随着佛教传入海北，草原上建有很多佛教寺院，历史悠久的刚察大寺、阿柔大寺、仙米寺等寺院建筑有很高的艺术性，体现了深厚的藏族文化。“逗曲”“则柔”“拉伊”等藏民族歌舞更是大放异彩，成为海北草原文化中重要的一部分。

祁连山草原曾是古代通往西域的重要古丝绸驿站，峨堡古城是当时繁华的贸易之地。门源皇城草原是千古名马“青海骢”——浩门马的故乡，浩门马是汗血宝马与祁连山马的后代。杜甫颂马诗云：“安西都护胡青骢，声价欻然来向东……五花散作云满身，万里方看汗流血。”皇城草原自古以来是名马的乐园，因此，便有了祁连山下场面壮观的赛马会以及以赛马、摔跤等为主的那达慕大会。在美丽、浪漫的金银滩草原上，不仅孕育了伟大的“两弹一星”精神，也诞生了世界名曲《在那遥远的地方》以及全国

湖畔经幡 西月 / 摄

上下家喻户晓的藏族民歌《金瓶似的小山》。两首歌曲皆悠扬动人，人人喜爱，是海北各类重大活动中必唱的经典。众多的草原历史故事、历史遗迹和草原各民族的文化使海北草原有了与众不同的光芒。

海北有 2765 万亩天然草场，牧养着 500 余万只牛羊。牧业是海北的重要经济支柱，草原上牦牛、藏羊像天上的星星数也数不清，天然牧场给大众提供了绿色的食材，从而形成了高质量牛羊肉为主的海北美食文化。肉质肥美的手抓肉、口感浓郁醇厚的藏族酥油茶、糌粑、牦牛酸奶；外皮金黄酥脆，内部肉质鲜嫩，香气四溢的蒙古族烤全羊等，成为招待尊贵客人的主要美食，也代表了草原民族热情好客、淳朴豪放的性格。每一口都蕴含着浓郁的民族风情，让人在品尝美食的同时，也能感受到各民族独特的饮食文化魅力。总之，在海北广阔的草原上，随着时代的更迭，造就了厚重的海北草原历史文化，成为大众喜爱的旅游目的地。

乡村田园美如画 海北的乡村田园在祁连山的怀抱里，保存着最纯粹的乡村田园风光，如同一块未经雕琢的璞玉，质朴无华却又魅力十足，让每一个踏上这片土地的人都深深沉醉。

海北的乡村，或在僻静的山坳里，仿佛与世隔绝，或在平坦的川里，能看见村庄之间的炊烟，亲切而温暖。乡村之间，清澈见底的溪流潺潺流淌，溪水顺着地势蜿蜒前行，时而平缓如镜，时而湍急奔腾，发出清脆悦耳的声响，宛如大自然奏响的一曲美妙的交响曲。溪边，马儿悠然自得地打个响鼻，小牛犊相互追逐、嬉戏，羊群从巷道出来，被主人赶到山坡上去吃草。远处，连绵起伏的山峦巍峨耸立，山顶上终年不化的积雪在阳光的照耀下闪烁着圣洁的光芒。蓝天白云倒映在河水中，与周边的美景融为一体，让人回到自己的内心，单纯而美好。

粮油基地门源川尽显优美的田园风光。春天，嫩绿的青稞苗在微风轻抚下轻轻摇曳，似一片绿色的海洋泛起层层温柔的涟漪。田边的草滩上，奶牛悠闲地吃草，与青稞苗相互映衬，共同勾勒出一幅静谧、闲适，生机盎然的田园画卷。到了夏天，青稞在阳光雨露的滋养下茁壮成长，万亩油菜花金黄，田埂上、道路边、草滩中，五彩斑斓的野花肆意绽放，微风拂过，芬芳四溢，空气中弥漫着香甜的味道，那是大自然馈赠的最纯粹的礼物。

海北的藏族村落或在草原上，或在森林里，分布广泛。传统

花海拾趣 苏兴汉 / 摄

门源田园风光 西月 / 摄

的藏式民居别具一格。洁白的墙壁、朱红的门窗，在蓝天白云下、青山绿水间显得格外醒目。尤其是牧民安置新村——刚察果洛藏贡麻村、华热藏族民俗村——桃花源、全国美丽休闲乡村——苏吉湾村等，都体现了浓郁的藏族风情。一般在村子周围的山顶或在草原、屋顶上，都有随风舞动的五彩经幡，寄托着藏族人民对美好生活的向往。夜幕降临，乡村的天空格外纯净，繁星闪烁，仰望星空，仿佛能听到宇宙的轻声低语，任你的思绪游弋在星辰的大海中，让心灵得到前所未有的宁静与慰藉。

海北的乡村田园是自然与人文完美融合的杰作。这里的每一

达坂山 西月 / 摄

寸土地、每一条河流、每一个村落，都承载着悠久的历史记忆和各族群众的无穷智慧，让人在这片散发着缕缕乡愁的净土上，邂逅最本真的田园之美，找到心灵的栖息之所。

梦幻海北，群山巍峨，长河浩荡，草原广袤，牧歌飞扬。它是大自然赐予人类的珍贵宝藏，是多民族文化交融汇聚的福地，更是人们向往的诗与远方。它以其独特的魅力，吸引着五湖四海的人们前来探索和感受。无论是那令人叹为观止的自然风光，还是丰富多彩的民族文化，无论是岁月悠长的乡愁乡恋，还是舌尖上的美食，都如同璀璨的星辰，闪耀着迷人的光彩。

CHAPTER 02

海北四县——景物各异的奇幻之境

这里的每一个县，都有其独特的地域风貌、风土人情、餐饮美食。

青海湖二郎剑景区 韦志皓 / 摄

海北四县，宛如四颗闪耀的星辰，在海北的天空上熠熠生辉。这里的每一寸土地，都承载着厚重的历史文化；每一处风景，都诉说着大自然的鬼斧神工；每一个民族，都演绎着丰富多彩的民俗风情。汉族、藏族、蒙古族、回族、土族、撒拉族等27个民族，像石榴籽一样紧密团结，其乐融融地生活在这片乐土上，常住人口有26.2万人。门源、祁连、刚察、海晏，每一个县都有其独特的地域风貌、风土人情、餐饮美食，每一处自然风景、人文景观都让人沉醉，它们共同构成了海北这片神奇的土地。如果你渴望一场心灵的旅行，不妨开启属于你的海北寻梦之旅，去探寻那些隐藏在山水之间、历史深处的美好与感动。

山水乡恋，金色门源

“走遍万水千山，最美金色门源。”门源回族自治县是海北州最大的一个县份，有16万各族儿女生活在面积6900平方千米的土地上。这里有“全球十大绝美花海”的门源百里油菜花海景观。每年七月份，大地披金，芬芳馥郁，如写在大地上的金色诗篇，吸引了国内外无数游客，有着“金色门源”的美誉。

门源县，原名“亹源”，“亹”古意为两山之间一条大河缓缓前行，后来统一简化为“门”。门源，最早为羌人牧地，“民国”十八年（1929年）设置门源县。门源县地处青藏高原与黄土高原的过渡地带，是东西方文明交流的重要通道——古丝绸之路要道，是青海连接河西走廊的必经之地；是“环西宁旅游圈”的重

花海高铁 韦志皓 / 摄

要组成部分，可乘坐高铁穿过世界海拔最高的达坂山隧道，驶进被誉为“西北最美高铁线”的百里油菜花海。雄奇巍峨的祁连山东段主山脉冷龙岭和南面支脉达坂山环抱形成了门源的草原、长川、河谷地貌。地势西高东低，海拔范围在 2388 米至 5254 米之间，距离海北州 180 多千米。

门源有山河交织的壮美风光，群山雄奇，河流丰沛，自然景观丰富多样。从西部到东部，浩门河奔流不息，集草海、云海、花海、林海多样自然景观并存。门源西部的“草海”可以满足人们对“天苍苍，野茫茫，风吹草低见牛羊”的草原风情的完美想象。这里曾是汉代皇家的夏宫，有“锦地千里”之誉。西部的草

花海人家 苏兴汉 / 摄

原是门源重要的牧业区，盛产的牛羊肉质鲜味美，营养丰富，深受市场欢迎。这里还是游客欣赏草原风光，欣赏名马的好去处，每年有场面壮观的“赛马会”，名马浩门马，身姿矫健，自由奔驰在草原上。这里的祁连山生态大牧场，可深度体验骑马、吃藏餐、住黑帐篷等草原生活。西部的花海鸳鸯景区，可一览湿地优美风光。与湿地遥遥守望的是著名的岗什卡雪峰，“挑战人生的第一座雪山”是岗什卡向你发出的请柬，这是离城市最近的雪山，是盛夏滑雪登山的乐园。这里可滑雪、可徒步、可观七彩冰瀑、岩羊、雪鸡，可吃火锅宴，是旅游不可错过的目的地。

门源中部是开阔的平川，是土地肥沃的农业种植区，大面积种植着适宜寒凉气候的北方小油菜、青稞、燕麦等农作物。小油菜种植已有1800多年的历史，面积近60万亩，是中国最大的小油菜种植基地。每年七月有盛大的“油菜花文化旅游节”，至2024年已经举办了25届，影响深远。这里也是青稞的主产区，是海北州的粮油基地。2023年被青海省鉴定为富硒之地，富硒土壤总面积达634.6平方千米，俗有“旱死九州门源丰收”之说。在门源中部可深度体验田园美景，观照壁山景区的日出、云海。

门源东部是沟谷纵横，森林密布的低海拔地区，这里有仙米国家森林公园，林区面积青海省最大，景点多，含氧量高，景色宜人。公园内集山水、森林、瀑布、峡谷、石窟、国家公园生态科普馆、寺院等自然景观、人文景观和历史遗迹于一体。还有鱼儿山景区、祁连山国家公园生态科普馆、聚阳沟景区、达隆沟景区及仙米寺、珠固寺等多个A级旅游景区，满足游客对自然景观的多种需求。“古木无人径，深山何处钟”。梵音袅袅，古

门源青稞基地 西月 / 摄

祁连山生态牧场 西月 / 摄

寺钟声悠扬，明清时期的仙米寺和珠固寺，曾多次被战火焚烧又修复，两寺就隐在两个乡的林区深处，其建筑特点汉藏融合，飞檐斗拱，雕梁画栋，独具匠心，古朴精美。1950 年前后是珠固寺喇嘛藏戏演出的鼎盛时期，一本剧目从头到尾完整演完，需要三至七天时间，每天需要演唱四个小时左右。演出结束，群众仍然觉得意犹未尽，回味无穷，不忍离去。林海深处生活着华热藏族，这里农牧结合，民风淳朴，珍稀的白牦牛穿行在林间，悠扬的藏歌宛如百灵鸟的歌唱，让人耳目一新。他们身着的华热服饰是国家级非物质文化遗产。

门源历史悠久，多元文化汇集，有三千多年的历史积淀和多处历史遗迹。在这片土地上，每一寸土地都承载着厚重的历史，每一处遗迹都诉说着岁月的故事。历史上，曾有一位声名显赫的帝王在公元 609 年踏上了门源的土地。当时，因吐谷浑称汉后屡屡偷袭丝绸之路，对当地农业生产、商业贸易带来严重威胁，怀有雄心壮志的隋炀帝决心西征吐谷浑，亲自统领数十万大军，旗帜猎猎，马蹄嗒嗒，从长安出发，一路风雨兼程，过风雪达坂路，架桥大通河（浩门河），在现今门源和祁连交界的草原上展开了古代战争史上赫赫有名的“覆袁川大战”。

在门源大地上，留下了许多朝代更替的遗迹，证明了这里历代是军事要地，政治文化中心。始建于汉代的千年古镇浩门镇，是汉族、回族、藏族、蒙古族等多民族居住区。走进高大、古朴的迎宾门，就到了门源县城浩门镇，小镇干净整洁，文化底蕴深厚。在县城东南角，有历史悠久的国家级文物保护单位——浩门古城。安史之乱后，五代时期，门源仍为吐蕃管辖地。宋神宗为实现“断西夏右臂”的战略目的，实行“开边”政策所筑的浩门古城，在门源县城东南角。浩门古城原名叫“达南城”，曾被金夏交替占领过，元代沿用，明洪武八年（ 1375 年）修复此城，屯兵戍守。古城之北是银蛇般飞舞的冷龙岭，南望劲松苍翠的照壁山，脚下是波涛滚滚的浩门河，蓝天白云映衬着这座沧桑、雄伟的古城。当你漫步在古城四周的木质栈道上，与这座日听浩门河涛声，夜望祁连山明月的古城对话，会不禁感慨这座繁华之城衰败的悲凉。

在浩门镇南关村中心位置有始建于清雍正十三年（1735 年）的浩门镇南关清真寺，其建筑风格古朴典雅，是省级文物保护单位，这里的宴席曲是国家级非物质文化遗产。县城北十几千米的“唐开元收吐蕃置”的北山乡金巴台古城，是省级文物保护单位；还有唐代岗龙沟石窟寺、宋代克图古城、清代永安城等古遗迹均有重要的历史研究价值，为门源增添了厚重的历史文化氛围。

金色门源，是最适合寻找自然、寻找乡愁的地方。田园风光秀丽，民族风情浓郁，西部有全国美丽休闲乡村——苏吉湾村，是草原风光优美的生态宜居之地。东部有华热藏族民俗村桃花源村，集赏景、住宿、餐饮于一体。门源在夏季有岗青百里花海网红打卡路，可以驾车行驶在油菜花海间的公路上，来一场沁人心脾的“芬芳浴”；秋季有浪漫秋景仙米网红打卡路，沿途松柏如水墨，桦树、杨柳披金装，短苞小檗红果似灯笼，秋高气爽，层林尽染，绚烂多彩。公路两旁的杨树早已为你铺就一条黄金大道，这里没有“自古逢秋悲寂寥”的落寞，只有“我言秋日胜春朝”的美好。

浩门河风光　韦志皓 / 摄

蓝翠雀 西月 / 摄

杜鹃花开 苏兴汉 / 摄

秋菊雪山两相映 西月 / 摄

金色门源，不仅是一个地理上的存在，更是一种心灵的寄托，一种对美好生活的向往。远离城市的喧嚣，回归到大自然的怀抱，感受生命的本真与美好。

生态画屏，天境祁连

雄浑壮美的祁连山在青藏高原似腾飞的巨龙，是中国境内的主要山脉之一，有“万宝山”之称。祁连山在藏语中叫“多拉让茂”，祁连县因地处祁连山下而得名，1953 年建县，人口有 5.3 万。在唐代吐蕃统治时期，藏传佛教传入祁连，对当地的文化和社会生活产生了深远的影响。祁连草原上修建了郭米寺、尕日德寺等很多寺院。离祁连县城东 21 千米处的草原上，有一座比较有名的寺院——阿柔大寺，寺院金色的屋脊在阳光下熠熠生辉。阿柔大寺是阿柔部落在清顺治十二年（1655 年）所建，是青海 650 座喇嘛寺院中的大寺之一，距今有 300 多年的历史。阿柔大寺的前身是一座辗转百年的帐房寺院，现在是省级文物保护单位。其风格融合了汉藏古代建筑艺术，琉璃瓦顶，雕梁画栋，匠心独具，环境清幽。祁连山大草原辽阔寂静，风传送着古寺远钟的清雅之音，仿佛可清扫人们心灵的尘埃。

当你走进有“天境祁连”和“东方小瑞士”之美誉的祁连县，一定会深深喜欢上这里。这里有世界第三大峡谷黑河大峡谷、中国最美的六大草原之一祁连山草原、中国百大避暑名山牛心山、亚洲最大半野生鹿驯养基地，还有 5A 级旅游景区阿咪东索景区。

祁连县是中国第二大内陆河黑河的发源地，“祁连风光”被评为国家4A级旅游景区，卓尔山油菜花景观被授予“中国美丽田园”称号，卓尔山景区被文化和旅游部命名为国家生态旅游示范区。祁连风光无限好，是大众心中的诗与远方。

祁连县，地处祁连山中段腹地，北邻古丝绸之路的首要通道甘肃河西走廊，是内地通往西域的重要通道之一。自古以来，这里就是兵家必争之地，也是商贸往来的重要通道，见证了无数的历史变迁。得天独厚的地理位置，使其当之无愧地成为青海的“北大门”。祁连是西北草原景观和荒漠景观的分界线，也是农耕文明和草原文明的分界线。踏入祁连县，仿佛踏入了一个地质地貌的博物馆，高山、峡谷、冰川、草原、森林、丹霞等多种地貌在这里交相辉映，构成了一幅雄浑壮丽的画卷。

祁连山作为青藏高原东北部的边缘山脉，平均海拔超过3000米，许多山峰海拔在4000米以上，终年积雪不化，银光闪耀。其中，海拔4667米的牛心山，宛如一位巨人，俯瞰着祁连大地。海拔4328米的卓尔山属于丹霞地貌，主要由红色砂岩、砾岩组成。山间的峡谷深邃幽静，著名的黑河大峡谷两岸峭壁林立，怪石突兀，黑河奔腾其间，水流湍急，一路高歌。河水在峡谷中似巨龙蜿蜒前行，形成了壮美的峡谷景观。在黑河谷底，生长着树龄400多年，占地6000多亩的中国仅有的珍贵杨树种——小叶杨，其树根深叶茂，躯干遒劲沧桑，树皮似龙的鳞片，俗称龙鳞杨。

在祁连山的怀抱中分布着广袤的草原，祁连大草原是黄金草原，这里水草丰美，天然草原面积达1700多万亩。每到夏季，草原上碧草连天，野花盛开，牛羊成群，牧歌悠扬，让人仿佛置身于世外仙境。而在高海拔地区，“八一冰川”是祁连山众多冰川中的一颗明珠，宛如梦幻的水晶世界。从地质演变的角度来看，祁连山的形成经历了漫长而复杂的过程。地壳的运动、岩浆的侵入、变质作用等相互作用，塑造了祁连山复杂多样的地质构造。这些自然因素经过亿万年的雕琢，造就了祁连县如今独特而迷人的地理地貌，使其成为大自然赐予人类的宝贵财富。

祁连群峰 才登 / 摄

祁连央隆尕海 才登 / 摄

历史是承载着岁月沧桑和文明印记的一本大书，祁连在汉代以前是羌人的牧地，他们牧羊放马，与大自然和谐相处。唐代佛教盛行，宋代农耕经济得到发展，元代为甘肃甘州辖区，祁连地区的畜牧业得到了进一步的发展，优良的马匹成了重要的战略物资，通过丝绸之路远销中亚和欧洲。在不同的时期，祁连地区均为各方势力争夺的焦点，战火纷飞，动荡不安。然而，不同政权的统治也带来了文化的交流与融合，中原文化、西域文化、草原文化在这里相互碰撞，共同塑造了祁连独特的历史文化风貌。如今，祁连县已成为一个充满活力和魅力的地方，它不仅保留了丰富的历史文化遗产，还展现出了现代化的发展风貌。站在这片古老而又年轻的土地上，仿佛能听到历史的回响，感受到岁月的变迁。

祁连县城附近有两座名山，是藏族群众心中的神山，分别是阿咪东索和宗穆玛釉玛，也叫牛心山和卓尔山，两山所属的景区风景秀丽，气象万千。牛心山一山揽四季，风景独特；卓尔山景区

祁连风光 陈文年 / 摄

丹霞烈焰，八宝镇全景一览无余。山脉两侧的林海、油菜花、村庄、高楼，景色层次感非常强，仿佛是一幅立体的山水画，让人陶醉其中，流连忘返。

根据红西路军解放祁连的英勇、悲壮的革命事迹，卓尔山下八宝河畔龙鳞公园内建有“红西路军和解放军二军纪念园”，生动展示了红西路军左支队于 1937 年入境祁连县后艰苦卓绝，勇敢无畏的作战经历，以及与当地群众的鱼水情深。如今，这里是红色教育基地，公园内龙鳞杨参天，还塑有伟大诗人昌耀塑像及诗人流放祁连其间所做的诗歌作品石刻。林间有彩色的塑胶小道，人工湖倒映着卓尔山的倩影，耳旁是奔流的八宝河发出的美妙歌声，夕阳西下，半湖霞光，是人们休闲散步的理想去处。

祁连山草原不仅是一幅美丽的画卷，更是一个庞大的生态系统。这里是众多野生动物的家园，野牦牛、野驴、雪豹、盘羊、马鹿、麝、玉带海雕等 20 多种珍稀动物在这里繁衍生息。它们在草原上奔跑嬉戏，展现出生命的活力与自由。祁连县是祁连山国家公园的核心区域，建有祁连山国家公园野生动物救助站，每一只受伤的野生动物送到这里，都能得到很好的救治；有祁连山国家公园展陈中心、大数据中心，国家公园的每一个数据都清晰地呈现在你的眼前。

河流是大地灵动的血脉，黑河、八宝河奔腾不息，为这片土地带来了勃勃生机。黑河，这条我国西北地区第二大内陆流域的主要河流，发源于祁连山北麓中段。它穿越了高山峡谷，流经了广袤的草原和戈壁，一路奔腾流经青海、甘肃、内蒙古等地，最终注入居延海。黑河的源头是高山上的冰雪融水，那晶莹剔透的

鹿 西月 / 摄

雪渐渐融化成水，从山顶潺潺流下，汇聚成溪，再形成河流。黑河滋养了沿途两岸的农田和牧场，为大地默默奉献了甘甜的乳汁。八宝河作为黑河的重要支流，同样有着独特的魅力。它发源于祁连山中段的景阳岭，河道蜿蜒向西北流淌。它就像一条绿色的丝带，缠绕在祁连的山间，青山绿水，形成了祁连多样的自然美景。

祁连草原上古遗迹遍布，有非物质文化遗产代表性项目 28 项，有国家级非遗——祁连阿柔逗曲，省级非遗——祁连郭米则柔，以及著名的古丝绸之道驿站峨堡城，扎麻什乡卡约文化夏塘台遗址等。丰富的古迹遗址，成为人类在祁连草原上留下的文明印记。祁连藏族群众热情豪放，能歌善舞，形成了浓郁的民风

阿咪东索 苏兴汉／摄

民俗，成为草原文化的主流。每次的草原盛会上，都能看到距今已有近300年历史的祁连“阿柔逗曲”。表演者以形象生动、比喻夸张的语言相互对答、相互逗唱，内容为歌颂、赞美雪山、草原、骏马等。“逗曲”在藏语中称“勒喜合”，多为两人对唱的形式，在日常生活中，“逗曲”演唱用来互道祝福，互道吉祥。在草原上，牧民群众的摔跤、射箭等传统体育项目比赛也非常精彩，龙头琴弹唱，下藏棋以及唐卡、羊皮画、牛羊头等的加工技艺，都会让人眼界大开，令人叹服。全国仅有的“托茂人”就生活在这片草原上，让你了解不一样的族群生活，还可感受别具一格的藏族“招婿”习俗。

自古以来，祁连山草原就是畜牧业发展的摇篮，祁连牦牛、藏羊、黄蘑菇均获全国农产品地理标志。在祁连众多的特产中，祁连玉颇具盛名，祁连羊皮画、掐丝唐卡、虫草、藏族服饰等都是让人喜欢的特色产品。食品特产中，牛羊肉系列产品、乳制品、鹿产品、黄蘑菇都是祁连食物特产中的佳品。

天境祁连，雄伟的山脉与广袤的草原相互映衬，奔腾的河流与独特的冰川相得益彰，古老的历史与多彩的民俗交相辉映，舌尖上的美食与淳朴的民风融为一体。只有踏上这片热土的人，才能深切感受到它的独特魅力。

鱼鸟天堂，诗意刚察

青海湖水草丰茂，历来是游牧民族的乐园，史上环湖有八族，刚察县因藏族首领部落刚察族而得名，1953 年建县。刚察是个诗意、浪漫的地方，与诗歌结下了不解之缘。世人皆知的雪域活佛诗人仓央嘉措，曾经在这片土地上留下了谜一样的传说。县城东北侧修建了仓央嘉措文化广场，当你漫步在广场，吟诵那些深情、感人的诗歌，感受诗人的情怀，了解他与青海湖的传奇，你也会被那种浓浓的诗意所感染。著名诗人西川在哈尔盖草原上留下了仰望星空的诗歌佳作——《在哈尔盖仰望星空》：

我抬起头来眺望星空
这时河汉无声，稀薄的鸟翼
坠落，使驽马惊惶
逃向我，我站立不动
让灿烂的群星如亿万只脚
把我的肩头踩成祭坛
我像一个领取圣餐的孩子
放大了胆子，但屏住呼吸

青海湖南岸是以青海湖国际诗歌节为主题的诗歌广场，因“青海湖国际诗歌节”的举办，这里留下了世界各国诗人和国内优秀诗人的足迹和诗咏青海诗咏刚察的美好诗篇，使刚察大地真正成为诗与远方的代名词。

刚察县距西宁 188 千米，距海北州西海镇 88 千米。只有 4.6 万人口的刚察县，最早为秦汉时期古西羌人中的卑禾羌部落游牧地，藏族人口占总人口的 74%，青藏铁路、315 国道穿境而过。

青海湖南岸 西月 / 摄

情人崖 西月 / 摄

青海湖 韦志皓 / 摄

刚察县是承接环湖体育圈、旅游圈、文化圈和生态圈的重要连接点，已经举办了22届的国际环湖赛，把青海湖沿途美景展现在国内外人们的眼中，成为海北递向全世界的一张“金名片”。自行车环湖骑行项目，能让人真切感受高原湛蓝的天空，温暖的阳光、清冽的空气、草原的美景。

刚察县位于海北州西南部，土地总面积8138.07平方千米，是大自然历经亿万年精心雕琢的一块璞玉。这里属于祁连山系大通山脉地段，地势从西北向东南倾斜，高山连绵起伏，峡谷深邃幽远。平均海拔3300米的高原之上，草原碧绿，雪山圣洁，青海湖像镶嵌其中的璀璨明珠。这种独特的地貌景观，是板块运动的杰作。地壳的碰撞挤压，让高山拔地而起，成为大地坚实的脊梁；冰川的侵蚀与融化，孕育出了湖泊与草原，让这片土地既有冷峻的巍峨，又有温柔的宽广。

鱼鸟天堂，诗意刚察，这里以高原明珠、国家5A级旅游景区青海湖的存在而声名远播。刚察县的自然风景，是一场水草相连、鱼鸟嬉戏的视觉盛宴。青海湖作为我国最大的内陆咸水湖，也是世界上海拔最高的湖泊之一，距今20万—200万年前因地质构造运动形成，宛如一面巨大的蓝丝绸，覆盖在刚察草原上。湖水在阳光的轻抚下，闪烁着粼粼波光，与高原湛蓝的天空彼此交相辉映，纯净、美好。

湖畔的草原，就像大自然的调色盘，春夏时节，绿草如茵，各色野花肆意绽放，将草原装点得五彩斑斓，羊群仿佛天上的云朵自由飘荡在广袤的草原上。秋冬之际，大地银装素裹，青海湖冰封千里，成为天地间的一面明镜，投射出梦幻的冰雪世界。我国八个鸟类保护区之一的青海湖鸟岛，让数十万计、281种鸟类得到很好的保护，它们在这里繁衍生息，欢快的鸣叫声奏响生命的赞歌。

仙女湾景区湿地上野花绽放，经幡飘荡，鸟儿漫步，是大天鹅的故乡。一望无际的湖水轻轻荡漾，高低起伏的鸟鸣仿佛咏唱着高原大湖的纯净美好，让人进入空灵之境。

祭海台祭海的盛况可让人感受刚察群众对青海湖、对大自然的敬重；来到湟鱼家园景区，可体验“放生鱼苗”的快乐、敬畏自然的神圣，震撼于在沙柳河景区观看湟鱼洄游时“半河清水半河鱼”的壮观景象；在圣泉湾景区聆听动人的传说，品尝清甜的圣泉之水，欣赏青海湖的大美风光。

这一切美景的形成，离不开刚察独特的地理位置和气候条件，它处于青藏高原的生态核心区域，是众多候鸟迁徙的重要中转站，是鸟类栖息的家园，是高原大美风光的一处宝地。

海北是仰望星空的适宜之地，在刚察哈尔盖草原上的羚羊小镇，有25个星空房，可以实现人们仰望星空的梦想，草原空阔，夜空浩瀚，给人诗意阑珊意境。白天登上观景台，遥看草原精灵——普氏原羚成群地奔跑在哈尔盖辽阔的草原上，仿佛自己的心也长出飞翔的翅膀，自由翱翔在刚察草原上。

迎宾路 西月 / 摄

刚察县历史悠久，众多的非物质文化遗产展现了藏族人民的精神世界和聪明才智。这里的古迹遗址丰富，非遗项目有55项。环青海湖北岸最早的文化遗存——沙柳河畔遗址，经专家认定为齐家文化与卡约文化并存的古遗址，也是青海省境内首次发现的以渔猎经济为主的遗址。在对刚察县砖瓦厂内的石棺墓地进行的一次全面系统的考古挖掘中，共清理墓葬40余座，出土文物700余件。出土的文物有陶器、石器、骨针、铜刀、铜箭镞及海贝等；刻在石头上的艺术——岩画，在刚察多处发现，有哈龙沟、舍布齐等古代岩画。这些遗迹、文物以及岩画，证实了刚察大地上早期人类文明的活动印记。另外，传统藏戏刚察寺院藏戏，民俗西海拉卜则祭、刚察藏族婚俗、藏族服饰，民间文学《年钦夏格日山的传说》等省级非遗也会令人耳目一新，领略不一样的民风民俗。这些非物质文化遗产不仅是刚察人民的历史记忆，更是他们民族情感的寄托，文化自信的源泉。

果洛藏贡麻村是刚察县沙柳河镇的一个藏族村子，是风情浓郁的和美藏寨。其名称来源于刚察最古老的藏族部落名称，是环湖八族之首，历史渊源厚重而深远。这里北靠祁连山脉，南临青海湖，西侧是沙柳河，是一处山环水绕的好地方。果洛藏贡麻村是习近平总书记来调研过的村子，获得2024年全国民族团结进步模范集体的荣誉称号。整个村子是牧民安置新村，民居整洁，风格独特、清新脱俗，在蓝天白云下，与远处四周的绿色草原交相辉映，构成了一幅绚丽动人的乡村图画。村里打造出“岗日梅朵旅游度假村”，有毡房帐篷、星空酒店、藏式“小木屋”等生态旅游项目，小木屋餐饮主打藏餐、川菜，深受游客喜爱。村里不仅有特产牦牛肉、牛乳制品，还有围巾、毡礼帽、拖鞋、挂饰、台布等各类牦牛绒制品，是环青海湖旅游线上游客不可错过的地方。来到刚察，还可体会大碗喝酒，大口吃肉的豪爽。刚察藏羊因肉质鲜美，营养丰富，已纳入全国“一县一特色”中国产业品牌目录。

鱼鸟天堂，诗意刚察，有朋自远方来，这里便会敞开胸怀接纳。看一看高原星空的璀璨夺目和普氏原羚在哈尔盖草原上跳跃的优美姿态，听一听青海湖碧波的低吟浅唱和数不清的裸鲤演绎的生命之歌，闻一闻草原格桑花的淡淡清香……让海滨草原的迷人风光，带给你草原牧歌式的休闲体验与美好。

红色圣地，河清海晏

1942 年，在遥远的海晏大地上，出土了一件极为珍贵的文物——虎符，它是由花岗岩雕琢而成的一只石虎，身长 1.32 米，高 0.46 米，呈蹲伏状，虎口大张，四足卧底。这只虎虎生威的虎符，究竟有着怎样不为人知的秘密？

1986 年，同样在海晏县三角城镇三角城村西侧的西海郡古城内又出土了石虎的底座——石匮，长 1.37 米、宽 1.15 米、高 0.65 米；石座中央有一个用来放东西的长 0.6 米、宽 0.39 米、深 0.28 米的凹形石柜，石虎放到石座上面的凹槽处刚刚好。原来，这个虎符由两部分组成，石座同样是花岗岩雕凿而成，两边凿有两个方孔，以便穿系绳索方便抬运。考古研究发现，这只虎符与两千多年前汉代的政权统治密切相关。汉平帝元始四年冬，王莽新政在今海晏三角城设置西海郡，他们按照中原城市布局修建了正方形的西海郡，管辖青海湖东部广大地区。象征中央集权的“虎符石匮”就是当时皇帝颁发的符命之类的文件，所以有“符”命名，古称“柜”为“匮”，又因石形状为虎形，便有“虎符石匮”之称。石虎和石座上刻有 22 个篆字“西海郡虎符石匮始建国元年十月癸卯 工河南 郭戎造”，意为西海郡的虎符石匮凿刻于王莽执政后的第一年十月癸卯日，雕刻者是湟水南岸的一个叫郭戎的工匠。篆刻字迹古朴苍劲，为国家一级珍贵文物，由

湟水源头 西月 / 摄

此可见，早在西汉时期，海北地区便正式纳入中原王朝的版图，王莽在今海晏县设置西海郡，这一举措不仅加强了中央对地方的统治，也促进了中原文化与当地文化的交流与融合。汉和帝永元十四年重修西海郡城，又称“龙夷城”。

历史的车轮滚滚向前，中华人民共和国成立后，海晏县金银滩草原成为国家军事科学实验基地。从 1958 年开始，数以万计的科研工作者、技术工人陆续来到这片高寒、广袤的草原上，致力于“两弹一星”的科研工作。他们在环境艰苦，缺少研制资料和设备，以及苏联撤销帮助的情况下，经过多年无数次的群英会战，研制工作结出硕果，原子弹、氢弹相继爆炸成功。科研工作者们在极其艰苦的年代，极其简陋的科研环境中，发扬吃苦耐劳，不怕困难，勇攀高峰的奉献精神，取得了举世瞩目的军事科研成就，极大地提升了中国在国际上的地位。

海晏地区成为“两弹一星”精神的发源地，为国防事业做出了巨大贡献，基地光荣服役 35 年。1993 年 7 月，州府从门源县浩门镇迁至海晏县西海镇。为了牢记先辈们的奉献精神，传承红色基因，让“两弹一星”精神发扬光大，在西海镇建有“青海省原子城纪念馆”，成为全国弘扬“两弹一星”精神的红色教育基地。

海晏县美丽的金银滩大草原，不仅是红色圣地，也是民歌的摇篮。中国著名的已故音乐家王洛宾先生在年轻时，曾在这里邂逅了活泼、靓丽的藏族姑娘萨耶卓玛，激发了他的灵感，创作了曲调悠扬、享誉全球的民歌《在那遥远的地方》。这首歌曲人人喜爱，家喻户晓，是王洛宾先生的名曲之一。在邻近的西海镇王洛宾音乐艺术馆，你会详细了解到世界名曲《在那遥远的地方》诞生的全过程。当然，在金银滩景区，最浪漫的事是客人们可以任意在骑马、赏景、吃美食中放飞自由的灵魂，尽享大自然的馈赠。

海晏县位于青海湖盆地的东北部，祁连山的支脉大通山脉一路延展至此，温柔地环拥着县城。海晏县1943年建县，距离省会西宁89千米，距离西海镇10千米左右，平均海拔超3000米，县名取“海晏河清，地方承平”之意。巍峨高山以雄浑之姿，默默守护着这片神奇的土地，广袤草原犹如望不到尽头的绿色绒毯，灵动的河流似飘逸的哈达，在大地之上蜿蜒前行，源源不断地为这片土地注入生机。

中国西部的一条巨龙——昆仑山，在民间有迷人的神话传说，象征着世界的轴心，有“万山之祖”之称。《水经注》中有“昆仑铜柱，其高入天，圆周如削，肌体美焉”之说，而海晏的年钦夏格日山主峰有石柱一根，缠满了祈福的哈达，人们把它当作传说中的“昆仑之柱”来敬畏。海拔4385米的年钦夏格日山在刚察、海晏两县交界处巍峨挺立，银光闪耀，高原上的雪山充满了神秘色彩。在当地群众心中，他们把这座神山当作法力无边，白脸英俊的山神，认为它是传说中西王母居住修行过的神山。

你在雪山的怀抱里泡过温泉吗？在海晏包呼图就能体验这样的惊喜。如果在海晏的旅途中想放松、缓解一下疲劳，在这里上亿年形成的纯天然草原火山温泉——包呼图温泉，可以尽情体验雪山下温暖的泉水带给你的舒展与神奇。海晏也是大河的源头，黄河的重要支流湟水的源头就在海晏包呼图，圣洁、清冽的泉水从这里踏上漫漫征途，一路与其他河流汇成大河奔赴母亲河的怀抱。

如果想俯瞰青海湖和原子城全景，同宝山景区是理想的登高望远的地方，这里也是青海湖北岸唯一能看到此景的地方。同宝山景区与西海镇、青海湖相邻，自然风光雄奇壮丽，红色故事感人肺腑。这里，冬天体验冰雪世界，夏日观赏湖光山色，是领略天地大美之境的首选。

景区离西海镇往西不远处，是国家 4A 级旅游景区达玉部落民俗村，占地 200 亩。走进金银滩达玉部落，迎接你的是煨桑炉、风马旗，神秘的藏传佛教塔和用六字真言刻印的神石垒砌的

包呼图雪山温泉 西月 / 摄

金沙湾 朵国忠 / 摄

拉则。这里是环境清幽、舒适，具有藏民族特色的“一带一路”最美驿站，在这里你能尽情享受骑马、骑牦牛、射箭、吃藏餐的乐趣，为你的旅行日记留下美好的一页。位于青海省旅游主干道中国原子城环湖东路的文迦牧场，也是草原上的特色藏式民居、国家 3A 级旅游景区，占地 800 亩，“文迦”在藏语中是“守望”的意思。这里有原生态牧场体验区、文创中心、演艺区、餐饮中心、露天篝火场、观景台、射箭场等系列游览体验设施。在星空秘境酒店中让河汉星辰伴你入眠，草原朝阳迎接你醒来，在大自然的怀抱中尽情享受舒展与自由。

文化传承枝繁叶茂。海晏县是汉族、藏族、蒙古族族等多民族聚居地，在漫长的岁月里，各民族相互交流融合，孕育出独具特色、丰富多彩的民风民俗。金银滩马术表演，堪称一场马背上的盛大狂欢。骑手们身着华丽盛装，跨上矫健骏马，在风驰电掣中表演精湛技艺，尽显英勇无畏的飒爽英姿。激昂的马蹄声仿若大地有力的心跳，马术表演者似自由的雄鹰，观众喝彩声如巨浪滔天，场面热烈，马术精湛，令人赞叹。蒙古族的那达慕大会同样热闹非凡，摔跤、射箭、赛马等传统竞技项目，吸引着众多勇士踊跃参与。人们在比赛中不仅展现力量与技巧，还传承着民族的精神与文化。

海晏县金银滩藏乡剪纸“河湟剪纸”是非遗中的一大亮点，是省级非物质文化遗产。民间剪纸是劳动人民精神生活的一种艺术表现形式，体现了人类艺术最基本的审美观念和精神品质，具有鲜明的艺术特色和生活情趣。金银滩藏乡剪纸主要以窗花、喜花为主要内容。技法讲究在纸上镂空剪刻，根据需要，细处如丝，可粘贴摆衬，亦可悬空吊挂。构图匀称，线条流畅，物象多变，用剪纤巧，在几毫米的纸面上能剪出数十根动物绒毛。海晏剪纸作品多次在国内外获奖和展出，《金银滩藏乡剪纸系列》和《达玉婚俗邮册》是海北州品牌文化中的闪亮名片。“河湟剪纸”从古至今，深受群众喜爱，为生活增添了喜庆的色彩。

独特的景色和多彩的民族文化在海晏县这片土地上灿烂绽放，让只有 3.6 万人口的河清海晏、州府所在地，成为大众喜爱的地方。

CHAPTER 03

海北风光——高原上的山水画廊

这里的天空格外湛蓝，云朵洁白如棉，仿佛触手可及。

青海湖的召唤 西月 / 摄

地处青海省东北部的海北藏族自治州，是一片被大自然格外眷顾的土地。它南侧毗邻中国最大的内陆咸水湖青海湖，北倚雄伟壮丽的祁连山，独特的地理位置使其成为自然景观的汇聚之地。

踏入海北，一个被时光保留的梦幻之境便呈现在你的眼前。这里的天空格外湛蓝，云朵洁白如棉，仿佛触手可及。广袤无垠的草原像是一块无边无际的绿色绒毯，微风送来牧草的清香。极目相接的远方，是银光闪耀的雪峰，与蓝天相映成趣，构成了一幅高原独特的壮美画卷。河流宛如大地的脉络，滋养着这片神奇的土地。

海北的自然风光丰富多样，融合了湖泊、山脉、花海、草原、湿地、峡谷、林海等多种景观，每一处都散发着独特的魅力。

青海湖，镶嵌在高原上的明珠

青海湖水域辽阔，清亮明净，波光粼粼，是鱼鸟的天堂，游人的乐园，是国家 5A 级自然景区。这里夏季清爽，蓝天白云，牛羊遍地，自然风光万千，令人着迷，是理想的观光、避暑胜地。无论是碧波荡漾、鱼鸟共乐的青海湖仙女湾景区，还是圣泉甘甜、湖水湛蓝的泉吉乡圣泉湾生态体验区，还是神话故事迷人的二郎剑景区，驻足每一处环湖景点，都会让人有全新的体验。

圣湖美景知多少 青海湖，海北大地上的那一抹蓝，海天一色，恍如明镜，鸥鸟翔集，鱼游湖底，粉色的水晶晶花开遍湖岸，彩色的经幡迎风而动，让人进入梦幻之境。在藏语里，青海湖叫“措温波”，即青色的湖；在蒙古语中叫“库库诺尔”，即蓝色的海洋。环湖地区自古是游牧民族放牧的地方，地理位置特殊，历史文化深厚，北魏以前青海湖也称“卑禾羌海”“仙海”“西海”等，从北魏起更名为“青海”，青海省名称也由此而来。青海湖是中国最大的高原内陆咸水湖，是“中国五大湖之首”。

青海湖面积 4625.6 平方千米，湖面海拔 3196 米，湖水最深处达 32.8 米，形成于第四纪冰川时期，由地球板块相互撞击而成。围绕青海湖的五大水系——布哈河、沙柳河、吉尔孟河、泉吉河、哈尔盖河等上百条河流源源不断地给青海湖补充水源，维

碧波荡漾的青海湖 西月 / 摄

水天一色 西月 / 摄

青海湖日出 朵国忠 / 摄

持了青海湖的水位。无论站在青海湖的哪个点上，都能看到动人的美景——碧波蓝天，牛羊骏马，雪山草原，一片原始、秀丽的高原自然风貌。

青海湖因四时之景不同，给人的感受也不同。

如果你在深冬来冰封的青海湖，天地茫茫，四野无声，雪山、云天、湖面浑然一色，有如张岱赏西湖之感："天与云与山与水，上下一白……人两三粒而已。"自然是孤独而强大的，人也是孤独的个体，在这种浑然一体的孤独中找到依靠、找到自我、找到隐逸之趣。

如果你在三四月刚开湖的季节来到湖边，便是另外一种情景了。还没有完全消融的浮冰在岸边堆积如山，白天喧闹些，傍晚更富诗意，夕阳西坠，春寒拂面，青海湖一片苍茫，棕头鸥、斑头雁、鸬鹚、凤头鸊鷉等鸟儿在远处的湖面发出各种鸣叫声，有的像小孩在撒娇，有的像长辈唤儿归，长短不一，高低各异，让人无法领悟它们语言的奇妙。这些鸟儿的身影隐隐绰绰，在湖面随波微微动荡，偶尔有两只飞起来，在空中画个弧线，又落下去，它们要休息了。此情此景，不免让人感伤抒怀，追问人生的意义，真如古人所描述的那般：

是何人遣泪化沧溟。春寒逐鸥生。怅幽蓝视我，重来底事，减却深情。一抹愁芜黄碧，牛瓶淡如星。满襟斜阳色，并入青青……待寻他、唐蕃残迹，怕夜沈、鬼唱不堪听。休凭吊、有鱼龙笑，且尽馀酲。

——明·汪洋《八声甘州·青海湖》

如果你在7月至9月份来到青海湖，又是另外一幅美丽画卷：草色青青，野花点点，牧歌声声，经幡猎猎，这个季节也是青海湖最美的时节。环青海湖四周牦牛成群，羊群云朵般飘荡，天空仿佛用清洁剂擦拭过一般，干净、透亮。青海湖拿出最纯净、最诗意的蓝招待远方的客人，你会在蓝宝石般的湖水映照中发出孩童似的惊呼，绽放久违的笑容，沉醉在大湖的怀抱。

在青海湖边，可以骑一骑白牦牛，感受草原民族最原始的交通工具；在二郎剑景区可以乘上游船在湖上尽情畅游，看浪花拍打船舷，与鸟儿对话，放飞心情，放飞自我，来一次酣畅淋漓的湖上之旅；在圣泉湾景区，可以观湖、拍照打卡，喝上甘甜的圣泉之水；或者什么都不做，就在湖边与湖水静静对视，看成群的裸鲤在你脚下游来游去，海鸥在你头顶盘旋示好，倾听湖水的私

斑头雁 冯武 / 摄

语，做一次心灵的交流。

青海湖不仅风光迷人，而且有重要的生态战略意义。青海湖是高原内陆湖泊的典型代表，是国际候鸟迁徙通道的重要节点。不但是中国西北部“气候调节器”，还是青藏高原的“物种基因库”。青海湖是大天鹅、黑颈鹤等数十万计鸟儿的乐园，是珍贵鱼种——湟鱼（裸鲤）的家园，是中国普氏原羚之乡。当你有幸看到“湟鱼洄游”的壮观景象，看到圣洁的大天鹅在湖面上优雅地游弋，看到灵敏、可爱的普氏原羚在哈尔盖草原上奔跑时，定会惊叹不已。普氏原羚是中国仅有、目前只存 3000 只左右的高原精灵。青海湖及周边地区“草—河—湖—鱼—鸟”特有的生态链，极具国家代表性。

一生要来一次青海湖，她在高原数百万年的时光中，静静等候远方的你。她有着少女般的纯洁，有着面对沧海桑田的波澜不惊，有着千帆过后的释怀与平静，有着阳光般温暖的一颗心。临水参湖，面对浩渺的湖水，自由翱翔的鸟儿，会觉得人在自然中多么渺小，人的忧愁和烦恼在这里如白天鹅落下的一根羽毛。湖水用宽阔的胸膛接纳每一个远道而来的人，为你洗去一路风尘。站在这里，你会发现，这种美，涤荡心灵，治愈一切，你会清空自己，再次轻装出发，直面人生。

时光流转，日月光华，自然万物与人的彼此守护，似乎把一切都赋予了新的意义与价值。

普氏原羚 冯武 / 摄

天鹅故乡仙女湾 青海湖仙女湾，是中国最美的湿地之一，藏语叫“拉姆克”，因其美丽的传说，优美的风景而让人向往。在现实中，仙女湾的珍贵鸟儿大天鹅和黑颈鹤才是这里真正的“仙女”。在当地政府的保护下，大天鹅从以前的100余只发展到现在的近670只，黑颈鹤从以前的30多只发展到现在的140多只。这里也是数十种鸟类钟爱的迁徙栖息之地，1万余只赤麻鸭由候鸟变成了留鸟，在这里安家。

在仙女湾观湖，别有诗意。这里地势开阔，青海湖的美景完全展现在眼前。盛夏，湖畔一片青翠，野花绽放，湖畔有三牲拉则，“三牲拉则”是用自然死亡的马牛羊的头骨垒起的建筑，用来祭祀海神。走过长长的木质栈道，转动108个转经筒，无边无际的湖水就在眼前，海鸟时而盘旋飞翔在上空，时而落在湖面呼朋引伴，有“面朝大海，春暖花开”的美好诗韵。

美丽的仙女湾，是滋养神话的“瑶池”，相传是西王母苦苦等候心上人周穆王的地方。李商隐有诗：“瑶池阿母倚窗

鸟类天堂 冯武 / 摄

开，黄竹歌声动地哀。八骏日行三万里，穆王何事不重来。”不禁令人遥想当年仙乐此起彼伏，仙女们翩翩起舞，仙鹤、天鹅自由游弋的场景。这里相传也是仙女们嬉戏、沐浴的地方。仙女湾，也是传说中活佛诗人仓央嘉措神秘遁去的地方，仙女们奏乐歌舞，诗人踏浪而来，他的诗歌仿佛被仙女湾的鸟儿一遍遍吟唱给人们听，那样深情而浪漫，那样刻骨而铭心。这些动人的传说，便是“仙女湾”名称的由来。

在仙女湾湿地众多的鸟类中，“鸟中贵族”大天鹅是这里的一道亮丽的风景线。每年 10 月，大天鹅飞越千山万水而来，在湖水还没有结冰之前，它们在布哈河、仙女湾一带生活。大天鹅有时交颈而眠，有时且歌且舞，有时展翅高飞，在更多的时候，

乐园 朵国忠 / 摄

它们在湖面上悠闲地游弋，湖面结冰后夜晚就栖息在冰面上。每年 4 月开始，它们便向北方开始迁移。

仙女湾湿地也是摄影家们理想的拍摄之地。大天鹅洁白如雪的倩影在清波之上，或交颈缠绵，或向天而歌，或比翼双飞，形成一幅幅绝美的画面。它们高贵而孤傲，美丽而优雅，品性圣洁、浪漫、忠贞，乃鸟中之仙，人人仰慕。据说如果有了另一半，便会终生厮守，恩爱有加，不离不弃；如一只离世，另一只会孤独终老，思念到老。大天鹅对子女的爱更是尽职尽责，日夜守护、哺育，与前来侵犯的狐狸、贼鸥等进行殊死搏斗。当地艺术团的许多舞蹈便取材于青海湖的大天鹅，舞蹈演员们身披白色的羽衣，肢体灵动、传神，加上灯光的烘托，给人美的享受，舞出了仙鸟天鹅与自然万物之间的和谐美好。

文武开湖现奇观 青海湖是西部地区重要的水源涵养地和水汽循环通道。海市蜃楼、龙吸水、开湖、湟鱼洄游是青海湖的四大奇观。开湖盛景是奇观之一，有“文开”和“武开”之说。

青海湖每年 12 月中旬进入封冻期，次年 4 月中旬解冻，冰封期的青海湖一片肃穆、寂静，苍茫，仿佛盘古开天辟地般的原始状态，使人心中涌上“念天地之悠悠，独怆然而涕下”之感。但解封时的青海湖向人们展示出大自然神秘的一面：或“武开”的壮观与震撼，或“文开”的神奇与欢乐，无论是哪一种形式，都让人叹为观止。

大自然的神奇法则，永远超出你的想象。每年 3 月、4 月份，在刚察大地上正是风沙盛行的时期，随着高原气温渐渐变暖，罡风大作，经夜不息。湖面的温度迅速升高，厚实的坚冰在大风和温度的作用下，在某一天某一刻，终于轰然裂开，迸发出万钧雷霆。冰块与冰块相互推动、挤压，如战鼓擂起，万马奔腾；如角斗士般你退我追，拳脚并用，一会儿涌向湖心，一会儿退向岸边，一会儿拔地而起，一会儿排山倒海，一块块坚冰如钻石，光芒四射，寒气逼人。最终，那暗流涌动的千钧之力，推动着碎裂的冰块堆积在岸边，便成了冰山、冰塔。这些冰的造型各异，色彩也不是一成不变的银白色，可能是光的折射不同形成的。这就是“武开”时的壮观，被神话传说中描述为西海龙王阅兵的盛大场面。

武开湖 朵国忠 / 摄

“文开”则在不知不觉中。湖面随着气温的增高，不知哪一天，在镜子一般的湖面出现了一道道细纹，慢慢地裂缝变大、变宽、一条线变成不规整的曲线，湖水一点一点涌出。阳光是一位高级裁剪师，他用手中的金剪刀一块一块裁下冰面，如碎裂的瓦片，在湖水上漂着漂着就不见了，成为湖水的一分子；那么多形状各异的冰块，在湖水的湛蓝中一浸染，就和湖水一个色了。黑颈鹤、斑头雁、赤麻鸭、棕头鸥，它们一个个欢欣鼓舞起来，用歌声表达着喜悦。上下天光，一碧万顷，百鸟和鸣，如梦似幻，近 4600 多平方千米的巨大“工程”在 4 月的风中不经意间完成了。

静谧的夜晚“长烟一空，皓月千里”，星辰聚集，那该是另外一番梦幻之景了。

半河清水半河鱼 湟鱼洄游是青海湖的生命奇观。世上的鱼有千万种，但在青海湖，却只有一种鱼，叫“裸鲤”，也叫湟鱼，它们就在海拔 3196 米的青海湖生活，是在亿万年时光中幸存下来的原始鱼种，是青海湖唯一的水生鱼类。高寒气候使得它们三年只长一寸，十年才长一斤，这是生命的顽强和表达，是青海湖湟鱼的生存法则。布哈河、沙柳河、吉尔孟河、泉吉河、哈尔盖河这五大河流是湟鱼繁殖的主要阵地。

每年端午至立秋，是湟鱼洄游的季节，在清澈的河水中，湟鱼成群结队溯流而上，去完成它们的产卵使命，沙柳河等河中呈现“半河清水半河鱼”的壮观景象。湟鱼洄游拉开了序幕，河床被修成一级一级适中的台阶，利于湟鱼轻松逆流。当有身孕的亲鱼从青海湖出发，逆流而上，一路冲破种种阻碍，奋力而上，奔赴它们的产床时，中途被海鸥，鸬鹚、鱼鹰“打劫”，有的不幸成为美食而夭折，但这并没有摧毁亲鱼育子的决心，它们不惜以生命为代价。亲鱼来到这些淡水河中产卵后，等立秋之后，河水再次把这些数以万计的生命带到青海湖，鱼类幼子便在青海湖这个大家园中快乐地成长了。

俗话说，一方水土养育一方人，湟鱼也一样，虽然都是湟鱼，但不同的河流中养育出的鱼“长相”是不同的。在湟鱼家园景区，玻璃水箱里展出不同的湟鱼，以便让人们认识、了解。湟鱼有黑脊彩斑鱼、黑美人鱼、白唇墨鱼、金龙鱼、青海青。在泉吉河繁殖的是黑脊彩斑鱼，它们的脊背有圆点，翅红，两侧有花斑；哈尔盖河繁殖的叫黑美人鱼，脊背黑色，腹部白色，形体较短；沙柳河繁殖的叫白唇墨鱼，顾名思义，它们的唇是白色的，身体是墨黑的；布哈河繁殖的叫金龙鱼，脊背或通体金黄色，腹部发白；吉尔孟河繁殖的叫青海青，脊背青灰色。

青海湖湟鱼与海北的发展史有密切关系，湟鱼也有它们的曲折生命史。在饥荒年代，湟鱼挽救了青海湖地区无数人的生命，好多人都能回忆起湟鱼的贡献。人们从青海湖捕捞到大量的湟鱼，一部分食用，一部分当作柴火。由于湟鱼体内有油，烧火很旺。那个年代，人们缺乏保护意识，把捕捞的大鱼带走，小鱼扔在湖边，随处可见死去的小湟鱼尸体，无数的湟鱼生命就这样终止了。那个时期，也是湟鱼命运最悲惨的时期，湟鱼数量锐减。

威胁湟鱼生命的还有自然环境因素，从 20 世纪 60 年代开始，青海湖周边草原开垦的几十万亩农田需要灌溉，许多注海河流被截流，导致青海湖水位持续下降，更为湟鱼洄游带来灭顶之

湟鱼洄游 郭辉忠 / 摄

灾。随着天气变暖，人为破坏等因素，原来注入青海湖的十几条河流日渐干涸，有的成为季节性河流，为青海湖以及湟鱼的生存带来极大的威胁。后来很长一段时间，湟鱼惨遭毒害的命运还远远没有结束，由于湟鱼肉质鲜美，偷捕者事件频繁发生，直到国家发布了青海湖禁止捕捞湟鱼的通告，配备了渔政警察，捕杀湟鱼的历史才真正结束，湟鱼数量才慢慢得以恢复。

封湖育鱼三十年，人类的醒悟虽然有些迟，但还不算太晚。近年来，青海湖水位在持续增长，湟鱼数量也在增加，这是令人欣喜的。

在 20 世纪，80、90 年代，湟鱼得到了空前的保护，由国家投资保护生态项目，修建了鱼形广场、过鱼通道，防腐木屋、放生台等基础设施，有种苗池塘养殖，以增加湟鱼数量。在湟鱼家园景区有“观鱼放生节”活动，有向青海湖投放鱼苗的旅游环节，这是人类懂得自省、感恩的重要仪式。在放生台上，当你手捧挽有红绸的玻璃鱼盆，小心翼翼地把活蹦乱跳的幼鱼投入青海湖，让这些幼小的生命在青海湖这个大家园自由、快乐地生长，内心会无比欣慰。人类只有尊重生命、尊重自然，与自然和谐共生，才是王道。更令人欣喜的是“青海湖国家公园”正在创建，青海湖和湟鱼将会得到更好的保护。

青海湖畔诗意浓 青海湖畔处处洋溢着浓浓的诗意，在青海湖北岸仓央嘉措文化广场上，有仓央嘉措诗歌墙；在青海湖南岸的诗歌广场上，那些世界各国著名的史诗经典、诗歌墙，给圣湖、刚察大地营造了浓厚的诗意。

仓央嘉措文化广场东的藏式感恩塔高 33 米，蓝天白云下，气势庄严、肃穆，体现了藏族建筑艺术的高超技艺。用汉藏文书写的“海滨藏城欢迎您”，让旅人顿生倦鸟归林的依附感，温暖、亲切。塔上浮雕是象征吉祥如意，幸福圆满的吉祥八宝图。塔顶上方绘有巨大的佛眼，慧眼中装有藏传佛教大藏经《甘珠尔》《丹珠尔》等经卷。极顶塔型结构代表“天”，慧眼塔的 4 个白色塔柱代表“地”，绛红色条形结构代表“水”，方形结构镀金藏物代表“火”，形成佛教中的“四大和全”，构成了大自然物质存在的排列形式。慧眼感恩塔不仅在色彩上有讲究，数字上也有讲究：塔高 33 米——刚察县海拔高度 3300 米；塔柱周长 53 米——刚察 1953 年建政；华盖悬挂铃铛 31 个——刚察县有 31 个行政村；顶端宝瓶高 6 米——象征六道轮回。每一位来过的人，都感受到浓郁、独特的藏族文化氛围。

因六世达赖喇嘛仓央嘉措与刚察青海湖的渊源，在刚察县城修建的仓央嘉措文化广场，展示了这位活佛诗人唯美、浪漫的诗歌作品。漫步在广场，细细品味文化墙上的每一首诗歌，句句优美、深情，打动人心。

“在那东山顶上，升起洁白的月亮，姑娘的面容，浮现在我的心上”“转山转水转佛塔，只为途中与你相遇”……来到这里，那些优美的经典诗句便会涌上心头。仓央嘉措的诗歌朴素真挚，直抵人心，数百年来受到人们的喜爱。读他的诗，能在淡淡的忧伤中看到希望，获得温暖。他内心的真、纯，使他成为一位才华出众的大诗人，为我们留下了宝贵的文学财富。

诗意刚察 陈文年 / 摄

三牲拉则 西月 / 摄

对于仓央嘉措的消失，学术界说法众多，有记载说他因病去世，但传说最多的是他就在青海湖隐遁，在 300 多年的时光里，成为谜一样的传说。1706 年，仓央嘉措被拉藏汗废黜并解送北京，众人走到青海湖边安营扎寨，据曾文琼在《历史知识》中撰文说："六世达赖在戒备森严的蒙古包中，一时一刻也没有忘记他的诗歌朋友和情人仁增旺姆……感慨地写道：'在东山的高峰，云烟缭绕的山上，是不是仁增旺姆，又为我烧起神香！'1706 年 6 月 27 日，六世达赖被押送北京。行前他还托付一个藏兵把写给仁增旺姆的诗交给她，又写了一首离别的诗：'白色的野鹤呀，请你借给我翅膀，我不去远方久住，只去理塘一趟。'据说，他行至青海湖畔，被拉藏汗谋害。"历史留下种种疑团，但大师美好的诗句让人们铭记。由仓央嘉措的诗歌改编的歌曲，人人喜欢吟唱，比如《在那东山顶上》《那一世》等。

有学者说他的贡献在于改变了藏族诗歌的风格。鉴于仓央嘉措大师对诗歌的贡献，与青海湖结缘的故事，刚察县曾在2023年组织全国著名诗人召开了“仓央嘉措：诗歌与人性的光芒”哈尔盖草原诗会。

久负盛名的“青海湖国际诗歌节”多次在青海湖边举行，仓央嘉措的诗歌在其他国家也得到了传播，诗意刚察、诗意海北、诗意青海，以诗歌打开了连接世界文化的通道。在仓央嘉措文化广场，读一读他的情诗，体验最浪漫最有诗意的时光，让自己的精神世界获得幸福的体验。

在海天一色的青海湖畔，有一个与众不同的广场，叫诗歌广场。它是世界海拔最高的诗歌广场，是以举办青海湖国际诗歌节为主要活动场地，是传播诗歌的一个主题广场，修建于2009年。创办于2007年的青海湖国际诗歌节，是中国诗歌学会与青海省人民政府共同打造的一个文化品牌，以“人与自然，和谐世界”为主题，每两年举办一次。

坐落在青海湖南岸的诗歌广场，具有浓厚的藏文化气息。走进广场，竖立着一块醒目的巨石，上面有蓝色的“青海湖国际诗歌节”“2007年创办”等字样。截至2023年，广场诗歌墙总长为80米，主宽为3.16米，主高为4米。诗歌墙正面，以汉、藏、英三种文字镌刻着青海湖诗歌宣言。

由著名诗人吉狄马加起草，于2007年8月9日镌刻的金色的诗歌宣言在高原骄阳下闪耀，会让人进入诗与自然、诗与人类发展的思考。广场还设置了中国蒙古族英雄江格尔（《江格尔》

蒙古族史诗）、印度罗摩衍那（《罗摩衍那》古印度梵语长篇叙事诗）、古希腊伊利亚特（《伊利亚特》古希腊史诗）等 24 座中外著名诗人特色分明的高大雕像。世界各民族虽然语言不同，诗歌的表达方式不同，但诗歌的作用是相同的，经典永流传。

古朴自然的诗歌墙建设注重于自然，融合当地藏民族民俗风情，诗歌墙上还镌刻有每一届参加青海湖国际诗歌节的国内外诗人的名字。青海湖国际诗歌节设有“金藏羚羊国际诗歌奖”，在国内外有极高的声誉，被国际诗坛列为当今世界最著名的国际诗歌节之一，迄今已成功举办多届，累计有 160 个国家和地区的 1400 余位诗人参加，累计创作诗歌作品 6000 首。

诗歌是没有边界的，不管你是哪个国家、哪个民族的人，来到这里，内心便荡漾着诗意。蓝天、白云、雪山、草原、大湖、

诗歌广场 西月 / 摄

诗歌广场雕塑 西月 / 摄

青海湖二郎剑景区 西月 / 摄

诗歌，相得益彰。这里举办过多届“金藏羚羊”诗歌颁奖大会以及诗歌朗诵会，世界各地优秀诗人的荣耀，被蓝色的青海湖见证，被高原炽热的阳光见证，被广袤的草原见证。

花海门源，寻找乡愁的地方

在白雪皑皑的祁连山下，在大河滔滔的浩门河北岸，绿树村舍，阡陌交通，一派秀美的田园风光。山清水秀的浩门川是北方最大的粮油种植基地和蜂产品基地，以 50 余万亩油菜花盛开的壮观盛景著称于世。是中国最美丽花海、全球十大绝美花海，

4A 级旅游景区，从省会西宁乘高铁 40 分钟即到此地。

高原最美的 7 月，气候温暖，大地涌金，花香诱人，是油菜花挥洒浪漫的时日。“上去个达坂者望门源，油菜花开了个满川。”这是门源人爱唱的一句花儿。当你从西宁过来，登上与祁连山并行的支山脉达坂山顶，浩门川里的油菜花便一览无余，似打翻的颜料缸，流成了一条金色之河，不可阻挡的香气扑鼻而来，在山顶就能闻到，让人心旷神怡。这小小的金色之花，只一朵，并不见奇，但它们连成一片 50 余万亩的花海时，只能用震撼来形容了。花开得热烈、奔放、纯粹，一直开到梦里的天涯。油菜花开，小到农家房前屋后，大到公路两旁一望无际的田地，还有小山坡上的一块块油菜地穿插在碧绿的青稞地间，形成黄绿相间的不同的几何图形，居住在这里的人们，真有孟浩然诗句中“开轩面场圃，把酒话桑麻”的那种田园情趣。

最适宜观看油菜花海的地方，是门源青石嘴的圆山观花台，离县城 20 千米，这里是门源县 4A 级旅游景区，花开时节，热闹非凡，人们从四面八方赶来，与花海来一场开心的约会。

拾级而上，微风把油菜花的芬芳送进你的五脏六腑，你的心也随之甜蜜起来。山上有玻璃观景台等多处观景视角极佳的地方，可以看到油菜花海全貌。从西到东，铺天盖地；从南到北，山坡、村庄尽在花海间，或与青稞地牵手，或与绿树、村庄环绕，或与孩童嬉笑打闹，在蓝天白云的映衬下，在百灵鸟的歌唱中，在蜂蝶的羽翅间，金色的花海在微风下轻轻荡漾，少女般亮丽夺目。

花海景区讲究播种的大地艺术。继 2008 年成功种植奥运五环的图案后，每年根据不同的庆典内容，分别种植过建国大庆、建县大庆等不同内容的图案，最受欢迎的是“爱你一万年”，成为一种新颖的大地种植艺术，人们以此为背景纷纷拍照留念，作为爱的见证，也曾成为花海的名片，登上各大报刊头条。

门源苏吉湾草原下，有一大片油菜花地，是近距离观赏油菜花的一个景点——芬芳浴，距离县城 22 千米。大面积的花海中修建了供游人近距离赏花的设施，是名副其实的“人在花海游”，游人可以在此尽情地赏花、小憩、拍照。芬芳浴里风如蜜，在芬芳浴，赏花、休憩、冥想，在蜜蜂合奏的圆舞曲中，让花的芳香

大地涌金 西月 / 摄

渗透你的每一个毛孔，来一场酣畅淋漓的“花香浴”。

这片花海背靠祁连山，地势较高，视野开阔，当你走上木质栈道，走向花海中央，眼前如铺开了一张黄金绒毯，耳畔伴有嗡嗡的蜜蜂采蜜的劳碌之音，鼻翼间有微风送过来的浓郁花香。近观花朵，四个金色花瓣组成一朵，中间是几根尖尖的花蕊，再由七八朵或十几朵花组成一簇大的花束，这些大的花束一束紧挨着一束，连成片，汇成海。微风起，花海泛起一层层金色的涟漪，蝴蝶在花蕊上支起薄薄的双翼，似在海上荡舟，这美丽的景象让人产生迷幻的感觉。面对花儿笑，蜂蝶闹的美景，谁不会心情大悦呢！

走上观景塔，黄金的绒毯一直延伸，与南面水墨般的山峦相连接。走累了，你可以荡一荡秋千，放飞困顿已久的灵魂。“菜籽花儿遍地黄，馒头花儿打红伞哩……”一首首花儿从心头飞出来，一张张笑脸迎着花儿开。大自然布置了最美的取景之地，

门源风光 西月 / 摄

祁连山下菜花黄 西月 / 摄

近年来，好多情侣的婚纱照，都在油菜花海中拍摄，给他们的一生留下甜美的回忆。

驾车观花也十分惬意。这里有一条自驾不能错过的岗青公路，公路两旁都是一望无际的油菜花地，车随便拐进一条花田小道，就可以近距离赏花了。清风徐来，花香沁人心脾，田园风光一网打尽。可以驾车一直走到祁连山下的北山路，那里视野更为开阔，还能看到山川染金的全貌。从北向南，一望无际的油菜花金色丝绸般覆盖了大地，让你深度体验实至名归的全球十大绝美花海的魅力。

距圆山观花台西北5千米左右，新近开设“1314”(一生一世) 油菜花观景台，在那里也可以全方位观看油菜花海的美景。

“花海鸳鸯”，旖旎的湿地风光

距门源县城36千米的“花海鸳鸯”湿地，在美丽的皇城大草原上。那里无数涌泉汇成清澈的湖泊，湖水中藏鸳鸯自由游弋。蓝天白云，雪山草地，湖泊点点，如星辰洒落在大草原上，古时也叫“乱海子”。“花海鸳鸯”因湖中有爱情鸟——鸳鸯而得名；“飞飞鸳鸯鸟，举翼相蔽亏，俱来绿潭里，共向白云涯。”自古以来，鸳鸯鸟深得人们的喜爱。这里也是珍禽黑颈鹤的家园，鸟类的青春乐园，是鸟类观测点。这里是祁连山黄金牧场的重要组成部分，与岗什卡雪峰遥相呼应，湿地风光迷人，是门源县古八景之一。

皇城草原风光秀丽，自古以来是人人钟爱的肥美草场，因曾建有西凉王避暑宫而得名。西凉王的后宫、大臣随他来这里避暑、骑射，其乐无穷，清风徐来，野花遍地，骏马嘶鸣，牛羊肥壮的大草原，使西凉王无比喜爱。《后汉书》称皇城草原为“锦地千里”，这里共有草场93万亩，牛羊膘肥体壮，盛产声名远扬的“浩门马”，历来是兵家必争之地。

草原寂然，山峦连绵，牛羊似星，花海鸳鸯与北面的岗什卡雪峰相互守望；湖面如镜，白云落下，几丛嫩黄的马先蒿开在水面，一些粉红的水晶晶花散落草间，让大自然这位画家笔下远景与近景的巧妙搭配，形成层次分明的美丽画卷。能听见鸟鸣的地方是真正的清净之地，在花海鸳鸯湿地无边的寂静里，百灵不时飞过头顶，洒下一路欢歌；几只藏鸳鸯、一群赤麻鸭欢快地交谈着划起层层波纹，它们有时扎堆、有时排着整齐的队伍，使人感觉时间慢了下来，恍如梦境。前来观景的游客或站立湖畔放飞思绪，或与湖中鸟儿对话，或摘几朵野花插入鬓发，或情不自禁地高呼，还有的骑上当地服务中心的浩门马，深度体验漫步湿地的惬意。

青藏高原是诞生神话的地方，传说“乱海子”与碧波荡漾的青海湖相连，以前有羌人夫妇在乱海子放牧的一头母牛生了小牛，小牛跳进乱海子不见了，等他们转场去了青海湖边，那头小牛却从青海湖跃出，原来这是一头神牛。

随着生态管护越来越好，这里的湖泊水位上升，空气潮润，牧草长势好，水中生物丰富，引来各类鸟儿来此安家生活，成为生态的检测计。

鸟类中的“大熊猫”——罕见的黑颈鹤近年现身在这里，着实让人惊喜。用望远镜可清晰地看到绅士般的黑颈鹤细长的双腿和灵动修长的脖颈。黑颈鹤有三长：长腿、长脖子，长喙，它们的头、脖颈、尾巴是黑色的，身躯是白色的。它们在湖的对岸悠闲地散步，时而低头觅食，时而左顾右盼，警惕性

花海鸳鸯湿地 陈文年 / 摄

黑颈鹤 老虎沟管护站提供

斑头雁 老虎沟管护站提供

红脚鹬 老虎沟管护站提供

剪影 老虎沟管护站提供

很高。

黑颈鹤是青海省的省鸟，是世界唯一青藏高原独有的大型涉禽，国家一级保护动物。据鸟类专家观察，黑颈鹤是花海鸳鸯的候鸟，每年夏天来这里生儿育女，10 月份携带儿女去越冬地西藏日喀则和林芝过冬，现在生活在这里的黑颈鹤有 12 只 6 对。黑颈鹤体态优美、对爱情忠贞不渝、在艰苦环境下顽强生存，这些品质，深深打动着人们。

由祁连山国家公园首席签约摄影师张景元主导，祁连山国家公园签约摄影师参与拍摄的生态纪录片《黑颈鹤成长日记》，在“2023 首届中国纪录片大会启动仪式暨 2023 中国纪录片盛典”上荣获“首届中国纪录片优秀长片奖”，这部获奖作品就是在“花海鸳鸯”湿地拍摄的。

湿地的野鸭胆大、随意，它们成群结队在湖面上游来游去，畅快之极。这里还生活着色彩艳丽的赤麻鸭，喙艳红的赤嘴潜鸭，歌声清脆婉转的长嘴百灵，能在水面浮游也能在水底潜走的河乌，嘴根部、双腿橘红色的红脚鹬，双腿细长的黑翅长脚鹬……水草丰茂的湿地是鸟儿们的乐园，也是牛羊、浩门马的乐园，更是翱翔于天空的鹰隼的乐园。试想，如果没有这些鸟儿，大自然该是多么无趣，世界该是多么寂寞。

当你静坐在花海鸳鸯湿地，看远山苍茫邈远，牦牛、羊群一点点移动，听对对鸳鸯鸟的呢喃和黑颈鹤清雅的鸣声，更显万物空灵，这里是人类与自然和谐共生的缩影，也是欣赏草原湿地风光的首选。

岗什卡，“人生第一座雪山”

冬季的门源大地，西北的岗什卡雪峰冷峻峭拔，南面的达坂山银装素裹，小镇、村庄、田野，像酣睡在山脉臂弯里的孩子，甜蜜、宁静。岗什卡雪峰是祁连山脉东段最高峰，海拔 5254.5 米，距离门源县城 36 千米，是中国离城市最近的一座海拔 5000 米以上的雪峰。与城市邻近的雪山秘境，是夏日滑雪、登山的户外基地，是观光、徒步的好去处，是国家 3A 级景区。自 2011 年起连续举办了七届岗什卡国际滑雪登山交流大会，2016 年被国家体育总局登山运动管理中心命名为“国家滑雪登山训练基地”，成为中国高海拔地区条件最佳的滑雪登山基地。2018 年举办了世界首届高海拔滑雪登山大师赛。

岗什卡一年四季白雪盖顶，银光闪耀。山顶冰塔、冰柱林立，常年不化，一派千里冰封，万里雪飘的北国风光。当夕阳打在岗什卡雪峰，那迷幻的橙红会笼罩在峰顶，如梦似幻，蔚为壮观，呈现“龙峰夕照”的盛景。岗什卡，藏语叫“阿尼岗什卡”，意思是老爷雪山，是华热藏族聚居区十三座神山之首。在神话传说中，岗什卡是西王母的夏宫，西王母的坐骑是一只青鸟，因此这里民间有放纸青鸟的习俗。

每年冬季，正是观赏岗什卡七彩冰瀑的好时候。祁连山是一座巨型冰库，也是一座固体的水库，维持着河流源区的水量，保护着祁连山地区的生态。由祁连山上丰富的冰川、雪水汇集而成的河水流下来，在岗什卡神山脚下的一面断崖上被冷冻成一面冰瀑，其色多彩，极为罕见。

门源七彩冰瀑吸引了许多游客远道而来，一睹为快。沿着彩虹大道来到岗什卡脚下的七彩冰瀑前，你会感觉到没有比大自然更神奇的魔法了。这面冰瀑高10余米，宽200多米，晶莹剔透，色彩斑斓，熠熠生辉。由于泉水含有丰富多样的矿物质，使冰瀑形成了金黄、浅黄、墨绿、翠绿、玉蓝、银白等多种颜色。大自然像一位怀揣绝技的冰雕大师，雕刻出形状各异，千姿百态的冰瀑：有冰山、冰柱、冰塔、冰凌、冰菇，冰堆，冰针、冰锥、冰扇、冰笋、冰帘等各种样式，就像一座玲珑的冰砌宫殿，在冬日的阳光下，折射出迷人的光彩，令人惊叹。

冰瀑 西月 / 摄

冰瀑底下是另一条山上流下来的雪水形成的小河，清澈透亮，哗哗奔流，一静一动，相得益彰，妙趣横生。下游截流成两个小湖，似天地间的两面镜子，与蓝天、雪山交相辉映。

开春时节或在冬日暖阳中，还能看到更加动人的情景。高原上的春风虽然姗姗来迟，但它不动声色地把冰瀑一点点吹融。这时候，一部分融化的冰水滴滴答答地从山崖上落下来，似珍珠，如碧玉，妙不可言，恰似水帘洞。如果是暖冬，在太阳照射下，晒融的冰瀑也会变成水帘不断流下来。

在七彩冰瀑的左右山上，经常会看到成群的岩羊走过。岩羊灰褐色的毛色和山上的石崖一样，形成了天然的保护色，让它们的天敌雪豹、狼不易察觉。你只有定睛细看，才会发觉那些“灰石头”在动，一下子，你会发现竟有那么多岩羊奔跑在山坡，消失在你的视野里。有时还能看到灰白斑纹、成群的藏雪鸡在那里觅食，呈现“岩羊崖上走，雪鸡山间游”的动人场景。近年来，随着对野生动物的保护越来越好，岩羊也慢慢习惯了人们的投喂，它们不再躲藏起来，在七彩冰瀑附近的空地上，随处能看到吃草的岩羊群。仰望天空，蓝如碧海，鹰隼划过长空，自然与人如此和谐与共，生生不息。

这里也是西北旅游大环线上的重要一站，每年夏季，四面八方的登山爱好者来登山，来滑雪基地开展活动，一探雪山之神秘，挑战自我之极限。这里不仅是登山、滑雪、山地纵走的训练基地，也是电影《攀登者》的取景地。冬季的岗什卡会建起雪豹、牦牛等大型雪雕，让游客的冰雪之旅更加有趣。

雪山下有岗什卡雪峰游客服务中心，游客坐观光车到岗什卡

岩羊 西月 / 摄

岗什卡顶峰一侧 宋钧德 / 摄

雪山脚下，购买或租赁到自己喜欢的登山装备，有当地丰富的农畜产品可供挑选，有可容纳200多人用餐的餐馆解决吃饭的后顾之忧。雪山下还有四个巨大的铜火锅，火锅宴保准让你吃得酣畅淋漓。

来海北，结缘“人生第一座雪山”，与雪山来一场亲密的接触，体验天地之大美，邂逅一场冰雪奇缘吧！

照壁山，祁连山里的小家碧玉

祁连山脉北线冷龙岭，长约280千米，平均海拔超4000米，似玉龙飞舞，植被稀少，山顶常年积雪；南线达坂山巍峨挺拔，地处大通县与门源县交界处，平均海拔超3000米，在浩门河的滋养下，植被、森林覆盖面积大；中间形成了土地肥沃的粮油川——浩门川。两条山脉绵延起伏，沟壑相连，东西长达130多千米。两边山峰的积雪和夏季的油菜花相映成趣，恰如“银盆绽金花”之状。

达坂山沿着从西向东的走向，海拔由3400米向2600米逐渐降低，气候也随之变化，植物生长更是千差万别，自然景色秀丽。登上达坂山中段的照壁山观景台，不同的季节有不同的景观，气象万千，让人心旷神怡。照壁山在门源县城对面南山不到10千米的地方，海拔3068米，远观云杉如墨，山姿绰约。俗话说“前有照后有靠”，照壁山也是门源的风水山，是门源人特别喜欢的一座名山，也是一处有名的景区，是门源古八景之一——

照壁凝翠。它与对面古八景之一的冷龙山峰（冷龙夕照）呈凤凰之势，也称凤凰山，是门源县 3A 级自然景区。

跨过浩门大桥，有观光车送你上山，头顶有鹞鹰、野鸽子在飞旋，不时有野鸡在树丛中飞起，山脚有零星的庄户人家，牛羊、鸡在草地上悠闲地觅食。

照壁山，其实是连在一起的两座山，分大、小照壁山。大照壁山其山如桃形，北坡遍生青海云杉，四季常青。传说古时候这里是高原湖泊，大禹治水开山引湖龙王逃命去，而小龙孙兄妹两人因贪玩滞留而变成了山，古时候也叫二龙山。小照壁山北麓是门源烈士陵园，园内青松伴英烈，环境肃穆雅静，刻有“革命烈

照壁山风光 西月 / 摄

士永垂不朽”八个大字的石碑高高地耸立在蓝天下。长眠于此的英烈有在1949年平定匪乱斗争中牺牲的68名革命英烈和在社会主义建设中因公牺牲的7名烈士等。如今，这里是门源爱国主义教育基地。

沿着山路行至照壁山顶，有两棵巨大的迎客松在张开怀抱迎接远道而来的每一个人。步行拾级而上，山的正面被层层青海云杉覆盖，山的背面却是草坡。沿着红色的石头台阶往上走，紫菀、蒲公英、铁线莲在树丛边零星开放，而草坡这一面则种植了观赏性的小菊花和油菜花，让这座神奇的山成了“半山花海半山松”，花田与远处的达坂雪峰遥遥相对，雪山鲜花两相映，形成了一道靓丽的景观。至山顶观景台，有介绍门源的碑文《门源赋》，有休闲设施，最引人注目的是一座金凤凰栩栩如生，展翅欲飞。

雨后初晴是照壁山观云海的最佳时机。当东方泛白，从山顶放眼远眺达坂山东南部，黛青色的山峦层层叠叠，渐渐升起的云雾如丝如缕，袅袅娜娜，弥漫开来。一开始，似青烟，如薄纱，但随着早晨的来临，仿佛有千百个纺棉机在纺织棉花一般，云雾越积越多，越积越厚，最后像决堤的大河，浩浩汤汤，翻腾、跳跃、挪移，似自由的舞者，有云瀑，有云涛，有云帛，身姿变幻莫测。云经过的地方不留空隙，不一会儿，把所有的沟壑都填满，且越升越高，连成片，汇成海，一望无际。那七八层的山脊勾勒出了高低远近搭配绝妙的画面质感，这便是云海的柔美。

“明月出天山（此处指祁连山），苍茫云海间。”对于祁连山云海的壮美，早在诗句中就有雄奇奔放的生动描述。它既有峨眉山云海的神秘，也有泰山日出的壮丽。“举头红日近，回首白云低。”等朝阳像一个橙色的大球慢慢滚在云层上面，千万道金光普照到云海，色彩变化成橙红、海棠红、殷桃红、绯红，似色彩夺目的彩锦。云涛恍如千军万马，把每一座山峰征服，山退位，云称王，其气势壮观，让人瞠目，这便是云海的壮美。

从山顶放眼浩门川，真如仙境。阳光初照，云雾缓缓升腾。遥望南坡丹霞山赤红，高铁似长蛇出洞。浩门川的村庄、河流、田野、山峦均罩在棉絮般的云雾下面，随着太阳升高，云雾也慢慢升高。浩门川犹抱琵琶半遮面，清澈的浩门河一路欢歌，红色的楼房、村舍屋顶隐显，公路纵横交错，青稞地和油菜地黄绿相间，越来越清晰，越来越明丽，如出浴的少女，清雅脱俗，温婉可人。最后，云雾退到北面的冷龙岭，像哈达一样缠绕在半山

云河 韦志皓 / 摄

达坂云海 韦志皓 / 摄

腰，自由、舒缓、灵动，久久不肯散去，甚是美妙，那是献给终年守护家园的祁连山的最高礼遇。有时候，冬天也会出现雾凇与长云共同出现的奇观，但更多的是那种“雾锁长川”的盛景，让人震撼。

山顶最引人瞩目的除了临空起飞的金凤凰，还有高空秋千，许愿树，下山缆车等。如果累了，这里有茶餐厅可以歇歇脚。如果你想欣赏更多美景，还可尊享山顶住宿，体验暮观长河落日、冷龙夕照，两岸烟火；夜赏浩空繁星璀璨，或与明月相邀，对影成三人。

转山转水，照壁美景，与有缘人不见不散。

仙米国家森林公园，青海林区生态瑰宝

仙米国家森林公园，海北的

云海 韦志皓 / 摄

一处翡翠般的林海，距离门源县 25 千米。这里云杉蔽日，香柏迎霞，白桦听禅，涧水弹琴，野花阅春，是植物的王国，动物的乐园。这片古老的原始森林、高原上美丽的风景区散发着无穷的魅力，是门源县的原生态旅游胜地，是青海省面积最大的林区，公园覆盖一镇两乡，也是祁连山国家公园特色鲜明的一部分。林区内景点遍布，风景秀丽，青松苍翠，山杨俏丽，峰峦挺拔，飞瀑流泉，古寺钟声，幽静空寂，一年四季，景色各有不同。

人间美景，尽在仙米。进了风景如画的东川镇克图口，就到了高峡林区。这里苍山叠翠，河水激流，苍郁古朴，是仙米国家森林公园的入口，南北宽 55 千米，东西长 95 千米。山上向阳多柏树，阴山多松树，山根多桦树、杨树、灌木。这也是森林公园里树种的生长规律，由下而上：阔叶混交林带—针阔混交林带—针叶林带—高山灌木林带—高寒草甸带。植被类型在相对高差 2000 余米垂直分布，体现了生物的多样性。

仙米林区于 2003 年升级为国家级森林公园，森林覆盖面达 95% 以上。在高寒地带有如此规模的原始林区，实属珍贵。有林必有鸟兽，据有关部门统计，野生动物兽类有雪豹、猞猁、岩羊、熊、狼、鹿、麝等 40 多种，鸟类有蓝马鸡、雪鸡、松鸦等 139 种；植物有 100 多科、900 多种，生长着虫草、黄芪、秦艽、雪莲等数十余种野生药材。

从克图、仙米至珠固，由巴哈尔、麻当、却藏、寺儿沟、香卡、大庄、达隆、德欠、龙浪、梅花、桥滩、塔里华、讨拉、玉龙滩、雪隆滩、东旭、元树、初麻院、德宗等沟沟相连，村村对接，是万物生命的摇篮，这里生活着藏族华热部落，也是华热部

仙米国家森林公园 西月 / 摄

山丹花 西月 / 摄

秋果 郭守江 / 摄

杜鹃花 西月 / 摄

落吉祥物白牦牛的家园。峡谷内沟壑纵横，由武松塔拉河、老虎沟河、讨拉河等 28 条大小河流汇入的浩门河，用丰沛的水源滋养着这片林区。

仙米林区主要以青海云杉为主，它们成片地装扮着群峰，2015 年被确定为青海省省树。墨绿色的云杉与头顶的蓝天白云相伴，层层叠叠，它们覆盖了南面的一座又一座山峦，弥漫着神秘的气息。林间树影斑驳，山泉水淙淙，当夜间一轮圆月高照时，便会有“月在松间照，泉在石上流”的动人场景。

阳坡的祁连圆柏虽然没有云杉密集，却也亭亭玉立、风姿绰约。山下的桦树、杨树以及灌木遍布每个山脚，等秋风吹过时，它们便变得五彩缤纷，把林区变成一幅幅油画。华热部落家的白牦牛、山羊隐没在林间，住在山沟里的人们也出没密林中，这里是人类以及万物和谐共生的家园。

当你在林区行走，冷不防会被“扑棱棱”飞起的野鸡吓一跳。在风景优美的仙米讨拉口的阳坡，路过的人经常看到十几只体态优雅的蓝马鸡在低矮的灌木丛中悠闲地踱步。因蓝马鸡的优雅，人们送它“蓝贵人”的美称。还有松鸦、戴胜鸟、反嘴鹬、荒漠伯劳等美丽的鸟儿，山林配上这些珍贵的鸟禽，怎能不叫人赏心悦目呢！

人生有一种幸福体验，就是在深山老林遇见夺人心魄的花开盛景。当珠固东海大峡谷里的马莲花蓝莹莹地铺满数丈宽的滩地时，其他山里的花儿们也有序开放。浅山有天山报春、狭萼报春、长柱沙参、微孔草、兰香草等似星辰散落在林海。特别是五月的杜鹃，在深山海拔较高的地方惊天动地地盛开，在森林公园的达隆、祁汉开等沟里比较常见。当你进入这些山沟深处，从雪山上流下来的河水“哗啦啦”欢快地从你身旁奔流而下，从河畔到山坡，开满了雪一样白的高山杜鹃花和紫烟似的百里香、头花杜鹃，花海让心跌入香雾中，带来无尽的惊喜。七八月份，红艳艳的山丹花、野牡丹零星开在仙米、珠固的山林间，似跳动的火焰，明灭可现。还有那些叫不上名字的花，这儿一丛，那儿一朵，令人陶醉。它们与大棚里培育的花朵相比，似乎多了一种天然去雕饰的自然之美。

一年好景君须记，最是仙米秋景时。最浪漫的莫过于仙米的秋景，进入林区，沿途仿佛风景秀丽的“山水画廊”，成为人们休闲、度假的首选景区。每年国庆节前后是林区秋景最美的时候，层林尽染，山花如星，麦田烁金，堪称人在画中游。秋天的诗意和浪漫在这里肆意挥洒，让人沉醉。山峦形体不一，林木色彩不一，河水缓急不一，或小家碧玉或大气磅礴，风姿各异。驾车缓缓而行，千山叠嶂，万壑秀林，每一个转弯处都是一幅绝妙的山水画。

浩门河在秋天最为清澈，这个拐弯处是一排叶子金黄的杨树，那个拐弯处是一丛橙红的小檗，或是一片美轮美奂的白桦倒映在河面上，它们彼此映照，意味无穷，随时成为游客相机里一幅美妙的秋景图。林区还有紫桦，圆柏、油松、山柳等，它们也争先恐后地给森林增添自己的色彩。黄豆大小的鸽子嘴（类似蓝莓）、黄刺果，绿豆大小的刺檗红果，在秋天成为一串一串玛瑙般的珠串，摘一颗放在嘴里，是酸酸甜甜的味道。

秋季的仙米林区是金色的童话世界，特别是从克图作西村开始，沿路有多处路段让你迷恋不已。道路两旁整齐划一的杨树披着黄金的大氅形成一道绝美的风景线，人的视觉会受到强烈的冲击，此处也是游人最喜欢拍照留念的地方。面对此情此景，人人心中一扫秋的悲凉，只有涌动的热情。抛撒金黄的树叶，看它们彩蝶一样纷纷飞舞，只把这美好的瞬间变成永恒。有时候，这里的路甚至因大家都不愿离开而堵车。

无论是成片的林区还是独自生长在悬崖上的一棵树，都表达着生命的精彩与坚韧。古松苍柏，白桦青杨及各类灌木就是山谷的美丽衣裳，那墨绿、浅绿、金黄、浅紫、绯红，深浅不一，色彩各异的天然搭配，让人叹服。地球有了森林才多姿多彩，人类

仙米的秋 郭守江 / 摄

有了森林，才会其乐无穷。在摄影人镜头中，也把秋天仙米森林公园里的各类树拍出了如梦似幻的境界——有的云雾缭绕，有的牛羊相衬，有的碧水环绕，每一幅都是门源秀美的模样，每一幅都渗透了摄影人对森林的痴迷与热爱。

“鱼”游清河山涌翠　门源鱼儿山景区在仙米森林公园入口，距离县城 32 千米，其两山形如游鱼，鱼头分别朝向东西，鱼身临浩门河拐弯处，似尽情畅游之鱼，因此这里也叫“金盆养鱼”。鱼儿山地理位置独特，处于冷龙岭、达坂山和浩门河汇合的点上，此处山水相映成趣，更是荟萃了雪山夹道，高山峡谷相接，森林田野相融的多样地带，特别是旭日东升时，给鱼儿山上的青海云杉镀上了一层金色，煞是好看，是门源著名的古八景之一——朝阳涌翠，这里造化神奇，风光旖旎。

到鱼儿山景区，要经过一座玻璃吊桥，这座桥桥型优美，被玻璃映衬得很有现代感，是游人拍照的理想之地。站在桥上，可以与古老的大通河（浩门河）合个影，感受大河东去，时光如水的匆匆。桥对面就是庄户人家，炊烟袅袅，鸡鸣狗吠，田地交错，村舍散落，一派田园风光。

上鱼儿山，要经过油菜花地、青稞地，燕麦地，过小桥流水，踏上通往上山的台阶。远处有几只憨厚的羊驼，几只山羊静静地观望远方的客人们，还有祈福的拉则，彩色的经幡格外醒目。山根崖上的仙子浮雕色泽艳丽，灵动美好，有的仙子手捧五色谷物，有的手持琴、箫等乐器，喜庆、吉祥。

门源地势由西向东，海拔逐渐降低，鱼儿山气候温润，草地、黄刺、桦树交织，山间草木，得到河水的滋养而葱郁茂盛。拾级

鱼儿山景区 西月 / 摄

而上，原始的林木呈现出旺盛的生命力，云杉挺拔，满眼郁郁葱葱。山顶有凉亭供游客小憩、观景。青山常青，碧水长流，在鱼儿山景区，移步换景，每一个视角呈现的是都是一幅天然的山水画。

鱼儿山四时之景各有不相同，春天的生机勃发，夏天的蓊郁苍翠，秋天的色彩斑斓，冬天的银装素裹，远眺、近观，各有情趣。登临鱼儿山顶，听风、听雨、听林涛、听大河歌吟，仿佛在此一日，世上已千年。

祁连山国家公园生态科普馆 在仙米国家森林公园内，有祁连山国家公园生态科普馆。它坐落在风景优美的桥滩村聚阳沟景区，被群山环抱，绿树掩映，其造型似一枚巨大的青海云杉叶片形状，新颖别致，引人注目。馆内尽可能地诠释、展示了当地生物的多样性、知识性、趣味性、艺术性，让人零距离接触、沉浸式体验。这是青海省第一个以国家公园为主题的科普馆，也是西北部生态系统开放式场景体量最大的科普馆，是全方位展示祁连山生态成果的平台。

走进生态科普馆，便拉开了人与自然和谐共生的序幕。一幅幅生动、直观的动植物图片、标本展现在你的眼前，每一组翔实的数据让你了解祁连山里的奥秘。原来在这座巨大的山脉之中，竟有如此丰富的动植物资源。生态科普馆是学生学习自然知识的教育基地，是孩子们认识自然、打开自然的金钥匙，也是游客了解祁连山生态的一个窗口。

幽谷飞瀑听禅音 距离县城 43 千米，在仙米国家森林公园聚阳沟景区内，有一处瀑布景观——达摩禅音瀑布。这里海拔大

达摩禅音瀑布 西月 / 摄

达摩禅音瀑布冬韵 西月 / 摄

约在2700—3900米之间，总面积约3000公顷，沟内有十几户人家。

聚阳沟山势陡峭，树木茂密，沟里人烟稀少，是一处清净之地。进入聚阳沟，沿着山路往里走，有停车场，有石头铺就的小道，也有修建的木质栈道，是理想的徒步之地。从上面瀑布流下来的水围成了一面很大的湖即“达摩圣湖”，湖水清澈，波光粼粼，尝一尝，有山泉的清香。栈道边蓝莹莹的马莲花、金色的蒲公英、金露梅，粉嫩的打碗花笑脸相迎。河道巨石上雕刻有彩色的经文，河边有玛尼堆、三色塔、善事八塔等，散发着浓郁的华热藏族聚居区民族特色。

峰回路转处，抬头看见对面山崖上方，有一虎口，高十几丈，水从口喷出，倾泻而下，水花四溅，如珍珠似翡翠，形成一帘绝美的瀑布。山崖虎口洞穴，传说是达摩禅师修炼时居住的地方，一股山泉自山顶从“口”出，形成一挂漂亮的瀑布景观，清亮的瀑布落地成潭，又汇成一条长河奔流出谷，恍如诵经之音，因此也就有了“达摩禅音瀑布”的美称。

灵山秀水达隆沟 达隆沟是仙米国家森林公园王冠上一枚闪亮的翡翠，熠熠生辉，吸引着无数游人。达隆沟距门源县城60多千米，是达坂山一条风景秀丽的山谷，也是仙米国家森林公园内的一个重要景区。

原始的林木以飞翔的姿态游走在时光里，充满了诗意，山河的秀美，最能撩起人们内心深处的情感之弦。林区最美的达隆沟是人们消夏、野炊的好去处。每年夏、秋季节，无数的人群涌向这里，特别是久居城里的人们，回到大自然的怀抱，尽情享受山水之乐。

盛夏时节，进入达隆沟的第一印象，便是“两山排闼送青来”。夏天的达隆沟葱蔚洇润，空谷幽静。苍松古柏焕发出旺盛的生命力，山间清泉激荡着顽石，药草散发浓郁的清香。这正是高原人踏青、野炊的好日子，带上好吃好喝的，或三五友人，结伴而行；或拖家带口，共享天伦。在这天然氧吧里，人与自然如此贴近，如此和谐。

另一个重要时节，是达隆沟赏秋。带着你的好心情，到达隆沟赏秋，秋天林区的多姿多彩，一定不会让你失望。

达隆沟是一条向南延伸的山沟，沟深大约有十几千米。那条蜿蜒曲折的水泥路把游客带到一个静谧、空旷、潮润、色彩缤纷的世界。满目的金黄替换了盛夏的青翠，这里山大沟深，空气新鲜，茂密的林间有自由自在的鸟儿、小动物嬉戏喧闹，欢畅的河水带着森林的秘密奔向远方。秋天这个魔术师用神奇的手笔将山间万物赋予仙姿神态，斑斓的色彩，灵秀的神韵，来一次就留下抹不去的记忆。

继续往沟里前行，身姿挺拔的青海云杉装扮着厚实的山脊，狂风暴雨的洗礼只能让它们更加显示出生命的顽强。有些老树从鱼鳞般的身上流出了黏性很强的松胶，有些两人合围起来那么粗壮的树根生出了长相不一的菌类。紫桦、白桦、杨树的子女满山遍野，岁月的足迹附着在皱裂的树皮上。这些老树头顶金色的华盖，遮天蔽日，或长在悬崖峭壁，或长在庄户周围，或长在涧水之旁，与蓝天白云遥遥相望。它们的枝叶，或旁逸斜出，或直刺云天，与鸟雀窃窃私语，与流水缠绵抒情。沿着山脚，红艳艳的

林区秋色 郭守江 / 摄

黄刺叶恰到好处地点缀其间，点亮了整片森林。

进入达隆沟的一半时，放眼远眺，视野所及的远方与达坂山接壤，山顶的积雪四季不化。达隆沟中间地势较为平坦，气候也温暖，住在这里的人们隐身于田地，路上几乎没有走动的人，偶尔出现的也是牵着几匹马回家的村民。这些人不知从什么时候住进了这世外桃源，他们拥有天然的“氧吧”，纯净的雪山之水，蓝天、白云、牛羊、原始森林，尽享人间的安宁。

白牦牛以日月为伴，以林海为家。在达隆沟可以看到它们俊美的身影。白牦牛是全国乃至全世界稀有的家养牛种，它享有林海“白珍珠”、祁连“雪牡丹”等美誉，浑身是宝，是纯洁、吉祥、高雅的象征。在华热藏族聚居区流传着白牦牛神奇的传说。古时候，华热的祖先华秀驻牧在阿尼玛卿雪山下的时候，因受邻近一个大部落的欺负决定离开，途中遇险，受到一头白牦牛的帮助，当骑白马的山神变成了白圪塔雪山时，华秀就认定这里是他们的归宿便定居下来。在这里，喝了雪山泉水的白牦牛更白了，一群又一群，像天上的白云一样。从此，华热地区便成为白牦牛的故乡。

从雪山深处走来的河水，由南向北，哗哗奔流，珠珠如玉，清凉甘甜。它欢快的旋律让每一株小草，每一棵树，每一块石头都活起来，河水的自弹自唱，让整个林区显得更加灵动、静谧、

林区作西路段 西月 / 摄

诱人。这条河有四五米宽，人们用一根枯死的老树搭在河上，成了天然的桥梁，更增添了古朴、自然的味道。探险的人，游玩的人，牧归的人，可以随意穿梭在两边。

达隆沟深处，随着海拔升高，气候逐渐变冷，两旁奇峰突兀，古木参天，更显幽静。秀美的达隆沟是养素心，寄诗情的梦幻世界，它的幽林、丽水、奇峰，还有数不尽的珍禽异兽、花木草药，让人流连忘返，回味悠长。

藏乡秘境桃花源 如果你想体验“世外桃源”般的田园休闲生活，森林公园内的珠固乡华热藏族民俗村桃花源是不错的选择。距离县城 80 千米，沿途原始森林密布，河水斗折蛇行，因山峰形似两只相向而卧饮水的骆驼，且有浩门河环绕而得名“骆驼曲流”，是门源著名的古八景之一。这里地处祁连山国家公园境内，海拔 2300 多米，森林覆盖面积大，有 4000 余棵古树，环境优美，气候适宜，是人类的宜居之地。村里只有一处山洞与外界相通，出洞口，眼前豁然开朗，一个山水田园便展现在你的眼前：“土地平旷，屋舍俨然…… 阡陌交通，鸡犬相闻……”与陶翁描述的桃花源并无二致。沿着一条通往村子的小路往前走，两旁草木蓊郁，野花摇曳，仿佛打翻了一个香料瓶，山野清香扑鼻而来。山奇峻、树参天，幽静古朴，天高云淡的桃花源似一幅水彩画，让你内心瞬间治愈——安宁、甜蜜，恍如隔世。

这里世代居住着历史悠久的华热部落，他们是传说中的铁马冰河、骁勇善战的华热哇，意为“英雄的部落”。这里被认定为“国家森林乡村”，曾入选第二批全国乡村旅游重点村，中国美丽休闲乡村检测合格村，33 户人家基本上家家既可住宿也可餐饮。

这里是全县海拔最低的地方，与省会西宁差不多，气候湿润，风景秀丽，农家吃住一条龙服务，是休闲度假的好去处。

在桃花源，这里还可以看到国家级非遗“华热服饰”，听到百灵鸟一样的民歌“拉伊”，还可以和村民一起跳热闹的锅庄舞。华热歌舞被称为“凝固的格萨尔史诗”，华热歌谣、华热服饰、白牦牛被称为“华热三绝”而美名远播。来这里住几天，去听一听环绕着村子的河水的涛声；去看一看松柏参天的神山上经幡猎猎；去尝一尝农家桌上野菜的美味；去参加篝火映照下热烈、奔放的锅庄舞，把身心交还给大自然，人和植物一样，变得纯粹、简单，童心复苏，乐不思返。

仙米林海，是一首诗，一幅画，是旅游的首选，摄影人的乐园，来仙米国家森林公园，一定不虚此行。

祁连风光，诗与远方的代名词

祁连山巍峨挺立，绵延千里，壮阔雄浑。它阻挡了腾格里沙漠的蔓延肆虐，东西长1000千米，南北宽300千米，始于当金山，止于乌鞘岭，北临河西走廊，南倚柴达木山、日月山、青海南山、拉脊山等许多山脉。祁连山脉营造了适宜人类和动植物繁衍生息的雪山、草原、森林、峡谷等丰富的地域地貌；是孕育冰川、河流、植物以及雪豹、岩羊、狍鹿、蓝马鸡等珍禽异兽的生命摇篮，更是高原少数民族生活的家园，祁连县因祁连山而得名。

祁连县是西北草原景观和荒漠景观的分界线，也是农耕文明和草原文明、青藏高原和黄土高原、汉族聚居区和藏族聚居区的地理分界带，祁连山下的黄金牧场被评为中国最美的六大草原之一。祁连风光旅游景区为国家 4A 级旅游景区。

中国最美的草原之一 祁连大草原有 1764 万亩，是青海省畜牧业基地，“马儿跑，羊儿叫，祁连山下好牧场，这里有成群的牛羊……”这是生活在祁连山草原上的人们最爱哼唱的歌词，也是祁连大草原的真实写照。

从门源向祁连草原进发，公路像一条哈达向西飘去，左右草坡缓急有序，草滩时而平展时而隆起，张弛自如，不时有羊群白

祁连山之夏 常明成 / 摄

草原风光 西月 / 摄

云般飘过你的视线，黑牦牛似棋子般散落在草原上。这里视野开阔，给人自由、松弛的感觉，蓝天、白云、碧草连天，牛羊撒欢，让人喜悦、沉醉。这时候，最适宜听一首藏族拉伊或蒙古长调。

祁连草原上生长的中药材很多，如柴胡、羌活、大黄、党参、龙胆、蒲公英、黄芪、冬虫夏草等这些药草就隐在牧草中间。美美地吸一口气，顿感舒畅无比，仿佛空气里弥漫的香味把五脏六腑的浊气都清洗干净了。大自然是顶级魔术师，他在不同的时段让草原开出不同的花朵，常见的野花有金露梅、银露梅、毛茛花、蒲公英、天山报春、羊羔花、狼毒花、马先蒿、紫菀、龙胆等，常见的颜色有金黄、银白、粉红、玫红、雪青、宝蓝……它们都是成片成片地开，让草原变成大花园，其规模之大，色彩之绚烂，让人大饱眼福。

草原上生活的动物也不少。运气好的话还能看到毛色火红的麝从山头跑下来喝水，像极了滚动的火球，煞是好看，它们一般很警惕，会飞快地越过山头消失在牧草深处。听有经验的人说，麝的毛色在膘肥体壮的时候才是火红火红的。有时候也会看到几只奔跑的狍子，它们发现人时，会快速地奔跑到远处，回头好奇地看看自己是否到了安全距离，再看着陌生的你，仿佛在说，快来追我呀！要是你往前多走几步，它们又很快会把自己藏入低处的灌木丛中，那可爱的样子，让人忍俊不禁。最常见的是成双成对的胖乎乎的旱獭，它们憨态可掬，你追我赶，草原就是它们的游戏场。祁连草原上，还生活着野牦牛、野驴、熊、藏狐、荒漠猫、马鹿、岩羊、雪鸡等珍禽异兽，它们都是草原上的精灵。

每个草原的景致看似相同，但都有它与众不同的厚重历史。

龙胆花 西月 / 摄

时光如白驹过隙，古羌人的炊烟消散在草原尽头，僧人法显经峨堡前往天竺求经的执着身影消失在时光里，隋炀帝大军与吐谷浑大战的烽烟也随风而去，这条古丝绸驿站上的驼铃声声，来往商家熙熙攘攘的景象仿佛还在眼前。在革命战争年代，祁连草原同样经历了血与火的洗礼。1937 年，西路军左支队千余人，在祁连大地上粉碎了敌人无数次的围追堵截，保存了革命实力；1949 年 9 月，王震司令员率军进祁连，在峨堡接见了阿柔千户南木卡才巷；1949 年 11 月 22 日凌晨，中国人民解放军一兵团三军骑兵团在祁连浴血奋战，解放了祁连。自古以来，金戈铁马、烽火狼烟，草原上演绎的战争风云，以及草原上遗留的名胜古迹，给这片草原增添了传奇的色彩，留下了厚重的历史文化。

祁连草原风光 殷正元 / 摄

如今，在祁连大草原上不仅生活着汉族、藏族、蒙古族等民族，还生活着自称“托茂”的穆斯林群体，“托茂”是一种藏语译音。他们身材魁梧，头戴白顶帽，身着蒙古服，说蒙古语，真诚豪放，以放牧为生。据说其先辈在 12 世纪中叶来自中东地区，途经祁连山一带，便扎下根来，与当地民族融合发展。他们大多没有姓氏，一部分人有家族姓氏，如今只有 2000 人左右。

草原上的牧人很自在，草山是自己的，他们也不怎么跟着牛羊，只要早上放出来，晚上收回去即可。挤牛奶、打酥油、晒曲拉，做酸奶、煮鲜肉、灌羊肠，丰富的肉奶食品是草原牧民的主要食物来源；赛马会、唱拉耶、拉长调、喝烈酒，是草原上人们的生活日常。

祁连山国家公园野生动物救护繁育站 距离八宝镇30千米左右的阿柔乡境内，建有祁连山国家公园野生动物救护繁育站，这也是中国唯一设在国家公园内的野生动物救护繁育站。这里是受伤生灵们的港湾，许多受伤的珍禽异兽在此得到及时救治。这里有十几只从门源送来救治的蓝马鸡，是国家二级保护珍禽，受伤数量这么多，说明大自然中存在很多伤害它们的安全隐患。这里有两只国家二级保护动物小藏原羚，它们清澈的眼睛，触碰到人心最柔软的地方。其中一只的鼻翼一侧有一大片皮毛不知怎么被撕破了，露出了骨肉，让人心中不由一阵紧缩。它这么小，不知受了怎样的磨难，是草原上遍地的铁丝网刮破的？还是侥幸从它们的天敌虎口中逃脱的？不得而知。幸好被救助人员发现，送

救护中心救治的藏野驴 西月 / 摄

到这里得到了救治。这里救治的还有国家一级保护动物——一只灵巧可爱的马麝。它是跳跃高手，在墙壁上留下了密密麻麻的小脚印。在另一面的救助房内，有国家一级保护动物，一只体型较大的白唇鹿，它那么温顺、亲切地望着参观者，一点儿也不认生，与人很亲近。

救护站还有藏野驴，也是国家一级保护动物具有高度的警惕性，不肯接近人。沿着长长的木质栈道下去，有两个救护房，一只秃鹫和一只大鵟安静地站在各自的救护房内，它们都是大型猛禽，是国家二级保护动物，因数量稀少，都被列入《国家重点保护野生动物名录》。救护繁育站的建立，唤醒了人类与万物和谐共生的意识，我们开始明白自己是自然的一部分，这是人类迈向文明的一大步。

世界第三大峡谷 在祁连，有一条著名的峡谷——黑河大峡谷，位于连绵逶迤的祁连山里，是世界第三大峡谷。全长 866 千米，平均深 4200 米，其中 70 千米是无人区。

黑河大峡谷中，千壑壁立，万仞裸露，草木葳蕤。水流劈山凿谷，时而“银瓶乍破水浆迸，铁骑突出刀枪鸣。曲终收拨当心画，四弦一声如裂帛。”时而“大弦嘈嘈如急雨，小弦切切如私语。嘈嘈切切错杂弹，大珠小珠落玉盘。”坡缓滩阔，奇花异草，珍禽异兽，风光无限。峡谷里生长着国内珍稀树种——小叶杨，虬枝嶙峋，枝繁叶茂，四百年来长情陪伴着黑河。

黑河大峡谷中的祁连扎麻什，风景秀丽，民风淳朴，天籁般的郭米则柔响彻峡谷。峡谷内古遗址遍布，有拉洞元山遗址，青铜器时代的扎麻什寺沟遗址，以及卡约文化时期的铜矿山，夏塘台、黄藏寺、郭米寺遗址。可见，早在3000—5000年前，先民们就在这片古老的土地上繁衍生息。

黑河大峡谷自然资源丰富，是天然的“聚宝盆”。金、铅、锌、玉、石棉品位高，储存量大。雪线地带生长名贵的雪莲、冬虫夏草、藏茵陈等380种中药材。天然林区以青海云杉、祁连圆柏、桦树、杨树等为主，是野牦牛、盘羊、白唇鹿、雪豹、香獐及黑颈鹤、玉带雕、蓝马鸡等珍奇鸟兽生活的家园。

黑河是全国第二大内陆河，流经青海、甘肃和内蒙古三省。黑河、八宝河在宝瓶河合二为一，黑河自海拔2500米的宝瓶河向北激流90多千米，从海拔1800米的加木沟口奔腾而出，流遍了河西走廊的广袤原野，给予它无私的给养，成为河西走廊的母亲河，为大地带来无限风光，无限诗意。在内蒙古额济纳旗居延海蓝宝石般的海水，都是祁连黑河奔袭的身影。“弱水三千，只取一瓢饮”的弱水，从大峡谷中浩荡的激流，经过长途跋涉，至居延海却变身成了温柔羞怯的少女。茂盛的芦苇对着海面轻语，鸥鸟贴着海面飞翔，美丽少女的倒影在海面摇曳。从祁连冰川汇聚而成的黑河一路披荆斩棘，远走他乡，带走故乡的一片云，留给人一首难忘的大河恋歌。

黑河大峡谷以姿态万千的地貌、壮美的景色、丰富的矿藏、多样的动植物资料、深厚的民族文化，给世人呈现了一幅绝美的自然画卷。这是地质、自然科学考察的好地方，也是旅游者心驰神往的好去处。

牛心山与卓尔山，藏族神话中的情侣山

祁连风光，因地貌多样，景色优美而声名远扬，人们喜欢用“高原上的小瑞士”表达对这块土地的热爱。黑河大峡谷的壮美，牛心山的雄浑，龙鳞杨的独特，卓尔山的秀美，冰沟原始松林的迷人风光，托勒草原上洁白如云的白藏羊……每一幅图景，无不让人心动。祁连物产富饶，玉石沟声名远播的祁连翠玉，小八宝的石棉，峨堡草原上的黄蘑菇，祁连鹿场的鹿产品，绿色的乳制品等都深受大众喜爱。草原上璀璨的历史遗迹、非物质文化遗产以及浓郁的民族风情，富有特色的舌尖上的美食，出行便利的草原飞机场等，构成了祁连县丰富的旅游资源，成为大众休闲旅游的青睐之地。祁连从原来藏在深山的“小家碧玉”如今成为人人仰慕的“大家闺秀”。

从西海镇开车行驶大约 200 千米便到达祁连山臂弯里静谧、温馨的县城——祁连县，从门源县开车约 175 千米也能到达。在县城附近，你会看到两座非同寻常的山：牛心山和卓尔山。牛心山，藏语叫“阿咪东索”，“阿咪”是对老人的尊称，“东索”意为以牛心山为主的千万个神兵。蒙古语称之为“乃曼额尔德尼”，意为八宝山，因阿咪东索四周的地形呈吉祥八宝之形。海拔 4667 米的牛心山，山峦雄伟，怪石兀立，山顶戴雪，山坡披绿，松柏苍翠，山脚花草繁茂，一山能揽四季。在如此巍峨、雄浑的一座神山面前，人会不由自主肃然起敬。牛心山是海北名山之一，是国家 5A 级自然景区。

牛心山在藏族人民心中是一座神山，传说是格萨尔王下令镇

牛心山冬韵 西月 / 摄

守祁连的平安之神。整个山体就像一员身披铠甲的战神，骑着铁青色的战马，四周站着四大天王，日夜守护祁连大地。据说在小东索会看到当年山神拴马的石柱、点将台。夜深人静时还能听到当年打仗时的战马嘶鸣，人声嘈杂，战鼓激荡。传说牛心山和卓尔山还是一对守望亿万年的情侣。当然，这些传说表达了当地群众对神山的一种敬仰、膜拜之情。

祁连是祁连山国家公园的重要组成部分，其中，阿咪东索景区是核心区域。景区内景色宜人、气候凉爽，流水潺潺、白鸟鸣啭、苍松翠柏、野生动植物众多，原始生态保存完整，是一处天然的原生态旅游福地。阿咪东索景区还有高原牧场、草原花海体验基地、林海露营体验基地、盆景湾、万佛崖、经幡祈愿台等景点，可开展写生、徒步、露营、探险、动植物观赏、生态科普等活动，是原生态高原河谷体验的理想之地。

“祁连山国家公园展陈中心、大数据中心”就修建在距离牛心山 5 千米的冰沟基地。在展陈中心，绵延起伏的祁连山国家公园一览无余，尽收眼底。中心还承担了青海省生态课堂、自然科学研究、生态环境保护公益诉讼联络、生态产品价值实现机制研究、自然文学创作基地、生态教育基地等很多社会工作任务。

从展陈中心图文并茂的展览板块中可以看到祁连山悠久的历史和文化脉络。据史料记载，赫赫有名的隋炀帝杨广，是中国历史上唯一巡视过祁连的帝王。祁连山是西北地区重要的生物种质资源库。在展陈中心，更多的是祁连山脉动植物分布的检测情况。“园区记录有野生脊椎动物 254 种，无脊柱动物 512 种，国家一级保护动物 21 种，国家二级保护动物 53 种，野生植物 543 种，国家二级重点保护野生植物 23 种，大型真菌 154 种，浮游生物和生藻类 264 种。”如此丰富的动植物资源，是名副其实的自然动植物王国，让人很快获得很多科普知识。在 VR 虚拟现实播放室，参观者像一只翱翔空中的大鸟，从多角度观赏巍巍祁连山的地理风貌: 或雪峰耸立，或苍松遍山，或绿草如茵，间有大鵟、鹰隼飞过，野牦牛、野驴、马鹿、雪豹等野生动物活动其间，如身临其境。

河水奔涌，山如烈焰，祁连县的另外一座名山——卓尔山，就在县城广场后面。卓尔山在藏语里叫“宗穆玛釉玛”，意为“美丽的红润皇后”，传说与牛心山是一对情侣，隔着八宝河遥遥相望，是国家 4A 级自然景区。

卓尔山与牛心山完全不同，山体为丹霞地貌，色彩艳丽、迷人。两座神态各异的大山守候在八宝河两岸，形成一道独特的祁连地域风貌。卓尔山下的八宝镇、八宝河中的“八宝”除了牛心山四周的地形呈吉祥八宝之外，还有一种传说，是因山神求得女娲补天的五彩石而得名。传说山神把五彩石埋进祁连大地，白色的变成了银，黄色的变成了金，红色的变成了铜，黑色的变成了煤，青色的变成了玉。也就是说，祁连县是一个矿产资源非常丰富的县份，祁连的铜、煤、石棉、祁连玉很有名，也是祁连县以前的产业支柱。

卓尔山是看祁连县全景的最佳地点。登上卓尔山的观景栈道，你会沿途遇见嘛呢经筒，民族团结祥和塔，西夏烽燧遗址，天桥神殿。从山顶俯瞰，县城全景尽收眼底。从这里远眺牛心山，那高大的山体如魁梧的汉子，正深情凝望着对面的爱人，守护着一方平安。远山如黛，云杉如织，田野似画；村舍楼宇，人间烟火正浓，人工湖如明镜，龙鳞杨参天。明净的湖面倒映着卓尔山绰约的身姿，一架红色的木桥搭建在河面，夏天树木葱郁，水天一色，如诗如画；秋天树叶金黄，山体绛红，色彩缤纷；冬天银装素裹，寂静清雅。夜晚来临，卓尔山上的霓虹灯闪烁，与广场和楼宇辉煌的灯火相互映衬，如梦似幻，广场上锅庄舞乐曲悠扬，长袖飘荡，正应了“天境祁连”的美誉。

卓尔山下的龙鳞公园，是隔开小城喧闹、休闲散步的好去处。当你走过古色古香的跨河木质栈道，漫步在卓尔山下的林荫小道，遒劲沧桑的龙鳞杨向你诉说着岁月的绵长，几声鸟叫让你感到这里的安宁与寂静，有当地的藏族女孩身穿藏裙，闪着乌黑的眼睛从你身旁走过。龙鳞杨树丛里，有诗人昌耀的塑像及石刻诗歌作品：

这是我此刻仅能征服的高度了
我小心翼翼探出前额
惊异于薄壁那边
朝向峨日朵之雪彷徨许久的太阳
正决然跃入一片引力无穷的山海

昌耀流放祁连生活长达 20 年之久。他在祁连生活期间，创作了一首体现顽强生命力的著名诗作《峨日朵雪峰之侧》，他渴望与雄鹰或雪豹为伍，把战胜困难的勇气像铆钉一样揳入生活巨

雪润丹霞 聂文虎 / 摄

祁连卓尔山风光 聂文虎 / 摄

石的罅隙，以豁达的心胸默享大自然赐予的快慰。他无愧于“新的边塞诗人”之称。

祁连这片光荣的大地上，还留下了中国工农红军西路军和中国人民解放军第一野战军一兵团二军、三军英勇悲壮的篇章，可歌可泣的史诗。有诗云：“战争失利血遍地，祁连戈壁死尸积。夜晚伤病凄山野，长征路上并不奇。”在卓尔山下，祁连县红西路军和解放军二军纪念园掩映在龙鳞杨的浓荫中，滔滔的八宝河似战士们唱响的铿锵有力的歌声。这里参天的龙鳞杨营造出了幽静、清雅的环境。基地建筑面积 437 平方米，展陈面积 700 平方米。展厅里，栩栩如生的雕像、真实可感的照片、朴实无华的文字，再现了 80 多年前在我党我军在历史上写下的悲壮一页。

展厅中陈列着一件仿制红军军装，这是第一代红色“听风者”、唯一健在的106岁红西路军左支队战士胡正先老人赠送的，这套红军服是他在中国共产党成立100周年庆典时，在天安门广场观礼时穿的；同时他把中央广播电视总台《吾家吾国》节目主持人王宁专访，第一代红色“听风者”节目所用的道具电台也赠送给了基地；他为基地的题词“西路军纪念馆”书法作品也陈列在展厅中。

1937年3月中旬至4月初，由李先念、李卓然等率领的西路军左支队千余人，战胜了在雪山、戈壁缺氧、缺吃少穿等严酷的自然环境和简单的装备条件下，粉碎了敌人无数次的追击堵截，为革命保存了骨干力量。部队在十几天中先后走过了祁连山

木桥 西月 / 摄

丰达坂、野牛沟、热水达坂，经托勒、疏勒河谷、泵河、考克赛、花儿地、硫黄矿等地，进入甘肃肃北地区。

1949 年 9 月，中国人民解放军第一野战军一兵团二军完成解放西宁的任务后，在司令员兼政委王震的率领下进军张掖。9 月 13 日，二军前卫十四团翻越海拔 3767 米的景阳岭，遭遇特大暴风雪，150 余名指战员壮烈牺牲，长眠在祁连山中。1949 年 11 月 22 日凌晨，中国人民解放军一兵团三军骑兵团在政委苏醒的率领下，向盘踞在二寺滩（今祁连县八宝镇）地区的敌骑 5 军和骑 8 旅残部发起进攻，并取得胜利，祁连获得解放。在洒下先烈热血，掩埋先烈忠骨的地方，留下了先烈们感人的故事和一曲曲不朽的壮歌。卓尔山上风景无限，卓尔山下红色故事感人至深。

两山守护的祁连县城，是一个浪漫而温馨的小城，也是避暑的胜地，观景的首选。她在那里静静等候你的到来。

CHAPTER 04

原子城——诞生“两弹一星”的圣地

草原广袤的海北大地上，传承着海北各民族自强不息的生存密码。

东风-3号导弹运载火箭 陈文年/摄

山脉绵延，河流密布，草原广袤的海北大地上，传承着海北各民族自强不息的生存密码，在这片热土上孕育了“热爱祖国、无私奉献，自力更生、艰苦奋斗，大力协同、勇于攀登”的“两弹一星”精神，树立了中华民族不甘人后，勇于拼搏的精神丰碑，激励、鼓舞着中华儿女不忘初心、牢记使命，为实现伟大的中国梦而不懈奋斗。海北州州府所在地西海镇也叫原子城，是当时国家“两弹一星”的科研基地，这里是让中国人扬眉吐气，挺起脊梁的地方。

在20世纪50年代，国际形势复杂多变，国外势力对中华人民共和国虎视眈眈。1950年11月30日，杜鲁门在记者会上暗示可能对中国使用原子弹，引发国际震动。1952年12月，候任总统艾森豪威尔访问韩国，听取了军方关于使用战术核武器的建议。1953年初，美国秘密将原子弹运至冲绳，作为对华威慑的一部分。核讹诈下的中国，面对紧张的国际形势，迫切需要增强自身的国防实力。法国科学院院长、诺贝尔奖获得者约里奥·居里说：“你们要反对核武器，自己就应该先拥有核武器。”1958年，党中央决定在青海省海北州金银滩草原建立中国第一个核武器研制基地。毛主席说中国不但要有更多的飞机和大炮，而且还要有原子弹。在今天的世界上，我们要不受人家欺负，就不能没有这个东西。

金银滩位于青海省海北藏族自治州境内，是广阔无垠的大草原，地处偏僻，人迹罕至，地形复杂，易于保密。这种地理位置使得核武器研发工作能够在一个相对封闭的环境中进行，减少外界的干扰和泄密的风险。也就是说，金银滩四面环山、水源丰富、地广人稀，这些条件非常适合建立核武器研制基地。金银滩草原上的达玉部落，为建设中国第一个核武器研制基地国营221厂做出过巨大贡献。达玉部落是青海藏族游牧部落“环湖八族”之一，当年，为建立面积1100多平方千米的实验基地221厂，他们积极响应国家号召，在三天时间内完成了准备工作，然后拖家带口、赶着牛羊出发了。他们义无反顾地告别了世代居住的金银滩草原，搬迁至祁连县的央隆、野牛沟、默勒和刚察县的哈尔盖、泉吉、沙柳河等乡镇和国有牧场，在路上走了60多天才到达目的地。当时有1700余户15万头（只）牲畜搬出了金银滩，从此，这个地方便在地图上“消失”了。

面对西方国家的核威胁和全面封锁，中国成功研制出原子弹、氢弹以及人造卫星，不仅标志着中国拥有了世界最强的核武器，也标志着中国作为一个大国的崛起，从而也从核威胁、核讹诈中走出来，挺起了自信的脊梁，奠定了中国作为核大国的地位，加强了我国的国防能力，使那些国外敌对势力对中国刮目相看，提升了国际地位，对国际政治格局产生了深远影响，为中国在国际事务中的发言权和行动自由提供了坚实的支撑。

“两弹一星”的成功研制，促进了中国的科技进步和经济发展。所积累的技术和经验，为中国的科技发展和工业化进程提供了宝贵的资产，为后来的科技创新和产业升级奠定了基础。“两弹一星”的成功研制，充分证明了中国人民不怕困难、团结一心、勇攀高峰的决心和信心，留下了宝贵的精神财富，为中国如何在有限资源下实现重大战略目标提供了宝贵的经验；不仅增强了中国的军事实力，也提升了国家的综合国力，确保了国家主权和战略利益的实现。

金银滩基地的建设始于 1958 年，于 1995 年 5 月撤销，经国务院批准，更名为西海镇。2001 年，青海原子城被国务院列为全国重点文物保护单位，2005 年 11 月，原子城被确定为全国爱国主义教育示范基地。

西海镇，高原上的红色之城

西海镇地处中国著名的山脉祁连山腹地、中国面积最大的高原内陆咸水湖青海湖的北岸，距离西宁 103 千米，在这里，研制成功了中国第一颗原子弹和氢弹，现今是国家级爱国主义教育示范基地。前身是中国 221 厂基地，青海矿区原子城纪念馆 2018 年入选“中国工业遗产保护名录”。

这是一座特殊的小城，这是一座光荣的小城，这是一座让世人铭记在心的小城。当你踏上海拔 3200 米的高原红色圣地原子城——西海镇，天空辽远，远山苍茫，街道整洁、寂静，每个久居繁华都市的人，定会感受到久违的宁静。“原子城”，这个响亮、神圣的名字，让人充满深深的敬意，想急切探寻它的神秘，了解那段艰苦岁月中科研工作者们感天动地的光荣事迹。

西海镇位于日月山和大通山之间，春季干旱多风，夏季凉爽，秋季短暂，冬季漫长。西海镇辖区人口 1 万左右，有汉族、藏族、蒙古族、土族、撒拉族、回族等 13 个民族。西汉末年大司马王莽辅政，派人诱降青海湖环湖地区的少数民族，设郡县之一西海郡而得名。

一个地方的美有很多种。气候温润，繁花似锦，高楼林立是一种美；小桥流水，空山鸟鸣，牧童归来是一种美；气候寒凉，空旷辽阔，雪峰遥接也是一种美。西海镇属于最后一种。走在西海镇安静的街道，远离熙熙攘攘的人群，滚滚的车流，你的身心会是舒展、惬意的。街道建筑大部分具有浓郁的藏民族风格，不时有身着藏族、蒙古族等服饰的群众悠闲地走在大街上。西海镇建有宏大的青海原子城国家级爱国主义教育示范基地纪念馆，纪念碑、纪念园；有当年研制两弹一星的科学家们曾经居住的黄楼（4—6 号）和将军楼（7—9 号）；有 2008 年落成的汉白玉毛主席全身塑像，还有王洛宾音乐艺术馆、海北州民族博物馆

两弹一星理想信念教育学院 陈文年 / 摄

等独特的展馆，向世人展示着西海镇与众不同的魅力。

西海镇达玉民俗村景区，是国家 4A 级旅游景区，占地面积约 200 亩。这里集民俗体验、文化展示和生态旅游为一体，也是国内目前最大的自行车骑行旅游基地之一。基地由一个骑行大本营和三个驿站组成，沿着青海湖 360 千米的沿岸，这四个驿站基本平均间隔分布，为游客提供自行车租赁、教练、物资保障、住宿、餐饮、娱乐等多方面的综合服务。在这里，你可以体验藏族特色餐饮、民俗、歌舞等项目。达玉民俗村多次举办的音乐节影响广泛，也使得西海镇成了浪漫的音乐小镇。“青青的山，蓝蓝的海，高天上流云映花开，遥远的青海，遥远的青海，踏着牧

原子城路标 陈文年 / 摄

歌向你我走来……”响彻南北的青海湖环湖赛主题歌动人的旋律，从这座红色之城西海镇响起。先后 22 届环青海湖国际公路自行车赛的成功举办，一代人从青年观众变成了中年观众，也让外界了解了海北的独特魅力。

“一路骑行、一路旅行、一路修行”，好风景永远在路上，从西海镇出发，沿着水草丰茂的青海湖骑行，蓝丝绸般的青海湖一望无际，缥缈、梦幻，鸥鸟在空中高歌。沿湖草原上，成群的藏羊、牦牛时不时映入你的眼帘。四野苍茫，大湖静默，清冽的风渗入你的肺腑，你的血液欢畅流动，让人感到心旷神怡，意气风发。时空的无限延展，让你体会空旷之美，自由之美。

当然，骑行让你感受到运动之美的同时，这片神奇草原上的厚重文化也会让你入迷。你会情不自禁地放开歌喉唱起“在那遥远的地方，有位好姑娘……”达玉部落出美女，说不定美丽的达玉牧女就在你骑行的旅途中遇见，看她们明眸皓齿的笑容，在草原上自由来去的倩影。

原子城纪念碑，向往和平的卫国长剑

高原湛蓝的天空下，原子城纪念碑高高耸立，它是中华民族自强不息、敢于拼搏的精神象征。“中国第一个核武器研制基地”纪念碑，是国营 221 厂撤销时修建的，由一级美术师、原 221 厂工会主席李纯荣精心设计。碑高 16.15 米，象征 1964 年 10 月 16 日 15 时我国第一颗原子弹成功爆炸的时刻；碑顶镶嵌的不锈钢圆球是与第一颗原子弹形状大小相同，既象征我国第一颗原子弹，也象征着圆了中国人拥有核武器的强国之梦。圆球下方是一个棕红色的盾牌，象征着防御；盾牌上面有九颗圆钉、一只和平鸽，象征长久和平；和平鸽的造型同时也是国营 221 厂的代号，它的两翼是两个背对着的大写拼音字母 E，中间的躯干部位是一个变形的大写拼音字母 Y，它们的组合就是“二二一”这三个字的拼音缩写，代表 221 厂。

纪念碑正前方，是“中国第一个核武器研制基地”的碑文，这是当时我国第一颗原子弹在新疆罗布泊成功爆炸时的现场总指挥张爱萍将军在他 81 岁高龄时所题写的，让人感觉神圣而庄严。碑的左右两侧的蘑菇云浮雕，分别是第一颗原子弹和第一颗氢弹爆炸成功时产生的蘑菇云。纪念碑下有九层台阶，有两层含义，最上面的两层与下面的七层在宽度上有明显的分离，最上面两层象征着二机部，与下面七层连接起来，象征着北京第九研究所。东西两面各有 18 块花岗岩组成的浮雕，象征当时在金银滩草原上的 18 个工作单位。纪念碑背面是致敬“壮了国威，扬了军威”的英雄们的 600 字碑文。屹立在西海镇的纪念碑，定格了那段艰苦卓绝的光辉岁月，让后人永远铭记在心。

西海镇坐落在美丽的金银滩草原上，在过去的岁月里，这片茫茫的草原也见证了共和国的精英们攻难克艰、勇攀高峰、创造科研奇迹的一幅幅画面，这里曾留下了无数可歌可泣的感人故事，金银滩草原因此在中国地图上“消失”了长达三十多年。“来时风华正茂，去时白发苍苍”，金银滩草原永远不会忘记，祖国和人民永远不会忘记。如今，金银滩草原完成了她神圣的历史使

原子城纪念碑 西月 / 摄

命，牧草丰茂，牛羊肥壮，焕发着新的活力，变成了生态旅游胜地。这片“红色的草原”，吸引了无数旅人来追寻共和国英雄们的光辉足迹。

高原红色之城西海镇上，在蓝天白云下，傲然耸立的原子城纪念碑，使“两弹一星”精神永流传。

原子城纪念馆，红色精神的不朽殿堂

我国“两弹一星”精神诞生的摇篮——原子城，主要由青海原子城国家级爱国主义教育示范基地纪念馆和纪念园组成，纪念馆建筑面积 9615 平方米，纪念园占地 12.2 公顷，分别由纪念广场、“596”之路、和平纪念园、纪念碑等景观组成。2007 年 4 月开工建设，2009 年 5 月开馆。纪念馆名称由张爱萍将军题写。

来到这里的人都不会错过原子城纪念馆，去了解中国科研史上那段光辉的岁月。纪念馆为乳白色半掩体结构，整个建筑庄严肃穆。馆前雕塑纪念馆入口的门楣上，镶嵌着三块巨大的青黑色石雕。石雕的中间是一个核裂变的图案，周围装饰着八卦、太极图等中国传统图案。这样的设计体现了中国人民谋求和谐，向往和平的美好意愿。纪念馆正前方是一座可容纳数百人的广场，广场左侧耸立的铁制和平纪念碑，象征着中国人民对和平不懈追求的决心。

纪念馆设“前厅、东方巨响、巍巍丰碑、历史抉择、激情岁月、勇攀高峰、伟大成就、筑梦复兴”8 个展厅，集中展示了 221 厂

红色圣地 陈文年 / 摄

原子城纪念馆 西月 / 摄

走过的风雨历程，以及两弹元勋们和 221 厂的科技人员、工作人员艰苦创业的精神风范。馆内有镇馆之宝退役东风二甲导弹弹体、我国第一颗机载原子弹和氢弹模型，喜报原件、球面机床、手摇计算机、精密天平等 970 件革命文物。置身其中，这里全景式展现了当年科学家们排除万难，不辱使命研制“两弹一星”翔实的文字介绍，大量的图片、实物展示，生动的实景模拟和场景复原，让参观人行如身临其境，感慨万千。

两弹一星的研制从零开始，从一开始的二十余人、三顶帐篷、四辆卡车、四辆吉普车开始，中国核武人身负使命，在这海拔3000多米的高寒草原上播下希望，实现梦想。在艰苦的科研岁月之初，他们克服了一切难以想象的困难，勇敢前行，毫不退缩。帐篷吹跑了再追回来，一夜醒来寒霜粘住了双眼也不在乎，单一的青稞面、“土豆宴”是他们一年到头的“盛宴”。寒冷，不怕！挨饿，不怕！后来，苏联专家撤走，不怕！每个人怀揣一个铮铮誓言——一定要造出“争气弹”！一支笔，一个算盘，一双手，一个聪明的大脑，没有防护服被辐射，不怕！直接取样分析，累到吐血不下战场。元勋郭永怀，飞机坠毁，遗体烧焦，怀中的资料却完好无损；侯廷骝，书写“596”工程代码的人，他背上的红色斑点是核辐射的印记；团长杨国祥，驾驶战鹰，三次甩投氢弹失败，带弹安全着陆，世界仅此一例。“党需要我做什么，我就应该做什么”，50年后才知晓曾和同学一起在同一单位不同的岗位上工作；孩子从出生到参加工作，待在身边只有两次……科研工作者感人的故事多如满天的星，数也数不完。

“两弹之父”邓稼先 国之骄子、中国著名的核物理学家，“两弹一星功勋奖章”获得者邓稼先，1924年6月25日出生于安徽怀宁，父亲邓以蛰曾担任清华大学、北京大学等校哲学系教授。邓稼先自幼聪慧好学，于1945年毕业于西南联合大学，1946年担任北京大学物理系助教，1950年获得普渡大学博士学位。“将来祖国建设需要人才，我学成一定回来。”这是邓稼先赴美国留学，心怀科技报国的远大理想。他用不到两年的时间，拿到了普渡大学物理系博士的学位，被人称为“娃娃博士”，当时他只有26岁。美国政府极力想留住这位才华横溢的高科技人才，开出了优厚的科研、生活条件，他的老师、好友也挽留他，但邓稼先报效祖国的决心并没有动摇，都婉言谢绝了。邓稼先在获得博士学位 9 天后，便迫不及待踏上了回国的征程，回到了当时“一穷二白”的祖国。

回到祖国，他立即行动起来，同他的老师王淦昌教授以及彭桓武教授一同投入中国科学院近代物理研究所的建设，开创了中国原子核物理理论研究工作的崭新局面。

中国决定自力更生，自主研发原子弹，一切从零开始。邓稼先在没有资料、缺乏试验条件的情况下，率领年轻的科技工作者刻苦学习理论知识，创办了“原子理论扫盲班”，亲自讲课、辅导并组织翻译、学习外文资料，思考原子弹研制的主攻方向。经过他的周密分析，决定从“选择中子物理、流体力学和高温高压下的物质性质”三个方面作为主攻方向。在当时极其简陋的科研条件下，他们采用最原始的计算方法，使用算盘进行相关的数学计算。任务重，难度大，据说演算一次要一个多月，算 9 次，要花费一年多时间。一日三班倒，加班到天亮是家常便饭，他们恨不得把一天当作两天用。在苏联撤人、资料缺乏的情况下，邓稼先团队用严谨的计算推翻了苏联专家原有的结论，从而解决了原子弹试验成败的关键性难题。他选对了主攻方向，决定了研制成败的关键。

1962 年底，邓稼先领导起草了中国第一颗原子弹的理论方案，并参与指导核试验前的爆轰模拟试验。他经常深入实验现场，与实验人员研讨实验方案和测试结果，指导理论部工作人员做好实验预估和结果分析。

1964 年 10 月 16 日，新疆罗布泊核试验基地，我国第一颗原子弹爆炸成功，标志着我国成为第五个拥有原子弹的国家。在万众欢庆之时，邓稼先却悲喜交加，母亲重病弥留之际，他匆匆踏上了回家的路。母子相见不久，母亲就去世了，据说在母亲的枕头底下压着一张《人民日报》，上面是整版的原子弹爆炸成功的喜讯，母亲却永远不知道自己的儿子就是报纸上宣传的人。

中国从原子弹到氢弹的研制成功，仅仅用了 2 年零 8 个月，美国用了 7 年零 4 个月，苏联用了 4 年，英国用了 4 年零 7 个月，法国用了 8 年零 6 个月。中国用最短的时间创造了世界尖端科研的奇迹，凝聚着成千上万人的努力，更离不开邓稼先作为科研带头人的重大贡献。

在我国进行的 45 次核试验中，邓稼先 32 次亲历现场，15 次担任现场总指挥。一次氢弹空投试验中出现了意外，许久都没能找到弹体，一旦发生事故，后果不堪设想。邓稼先心急如焚，他明白弹头里装的钚 239 的辐射有多厉害，他要跟着防化兵一起去寻找。基地的领导立即拦住了他，厉声说道：“老邓你不能走，你不能去！”邓稼先说：“谁也别去，我去。你们去了也找不到，白受污染！”他冲进试验场，希望第一时间找到原因。终于搜寻到踪迹后，他直接上前，用自己的双手把碎弹从弹坑中捧了起来，邓稼先因此遭到了致命的核辐射。后来病发，不得不住院治疗。在邓稼先住院的一年中，动了 3 次手术，疼痛折磨着他，止痛针从每天打一次，后来发展到一小时打一次。即使这样，邓稼先还是心牵中国的核事业，强忍着病痛和核物理学家于敏共同撰写了《中国核武器发展规划建议书》。写完这封建议书之后，他说了四个字：“死而无憾！”

邓稼先
(1924. 6. 25–1986. 7. 29)
安徽怀宁人，中共党员、九三学社社
员，核物理学家，中国科学院院士，中国
核武器理论研究工作的奠基者和开拓者之
一，中国核武器研制与发展的主要组织者
和领导者之一。曾荣获国家自然科学奖一
等奖、国家科技进步奖特等奖和“国家级
有突出贡献中青年专家”“全国劳动模范”
称号等，被评为“100位新中国成立以来感
动中国人物”。

邓稼先纪念碑 西月 / 摄

1986年7月29日，积劳成疾的邓稼先被癌症夺去生命，享年62岁。他临终前再三叮咛：“不要让人家把我们落得太远。”

邓稼先曾对妻子说过：“我不爱武器，我爱和平，但为了和平，我们需要武器。假如生命终结后可以再生，那么，我仍选择中国，选择核事业。” 这就是热爱祖国、鞠躬尽瘁、死而后已的科学家的坚定信念。作为中国原子弹和氢弹研制的开拓者和奠基者之一，他长期隐姓埋名，为中国核科研事业兢兢业业、呕心沥血，最终立下了卓越功勋，成为后来者的楷模。他用自己的一生诠释了忠于祖国、甘于奉献、艰苦奋斗、勇于担当、不计名利、真诚朴素的爱国精神。

中国的“居里夫人” 中国女科学家王承书是周总理亲自“抢”回国的女博士，为中国“两弹一星”的国防事业隐姓埋名三十余年，为成功研制“两弹一星”做出了巨大的贡献，这位巾帼不让须眉的科学家被大家亲切称为“中国的居里夫人”。

1912年，王承书出生于书香门第，家境殷实。王承书不甘心做一个旧时代的普通女子，她上进好学，从小就表现出了超高的“学霸”天赋，一路以优异的成绩考取了燕京大学。在专业选择上，更是做出了大胆选择——物理专业。当时，班里只有她一个女孩子。在那个保守、封建的年代，大众有“女性不适合理科”的偏见，王承书却有自己远大的抱负：“我们中国的科技还很落后，十分缺乏这方面的人才，所以这就是我选择物理的原因。”她在物理方面天赋异禀，每次考试都名列前茅，最终还考取了物理学硕士学位。这在当时中国的女性之中是屈指可数。抗战期间，王承书与自己的导师张文裕相恋结婚，还一起南下到西南联大任教，为祖国培养物理人才。为了提升自己的学术水平，1941 年，王承书选择前往美国密歇根大学攻读博士学位。原本这个学校有着不招收已婚妇女的传统，但是王承书的才华最终还是折服了这所名校，使其不得不为她开先例。入校后，王承书还凭借着优异的科研成绩成为首位获得巴尔博奖学金的中国女性，并成功获得了物理学博士学位。

王承书在美国留学期间，在物理科研中取得了重大成就，成为物理界的一颗耀眼的新星。她在气体运动论、等立体物理等多个领域皆取得了重大研究成果，并提出了赫赫有名的“王承书——乌伦贝克方程”，在气体研究领域沿用至今。除此之外，她还是科学界第一个证实索南多项式的学者，被称为“女人中的佼佼者”。当然，她远渡重洋求知的最终目的是报效祖国，她没有在成功中迷失方向。中华人民共和国成立后，王承书便迫不及待地想回到祖国，不料此时的美国为了遏制中国的发展，竟然对这些想要回国发展建设的科研人才进行百般阻拦，钱学森与王承书等人皆遭到了美国政府的监视。据有关资料说，当时美国政府甚至直接出台相关禁令，明令限制在美华人科学家回到中国。面对困境，王承书机智地在暗中向祖国求助，并通过他人将自己的科研资料偷偷邮寄回国。1954 年，时任外交部长的周总理在著名的日内瓦会议上，就中美双方平民归国的问题，与美方展开多次谈判。双方唇枪舌剑，但周总理正气凛然，以高超的谈判才能让美国最终点头同意，成功与美方签署了《中美两国大使级会谈就双方国问题协议的声明》，以抗美援朝战争中被俘的美国士兵为筹码，交换了那批被美国扣押阻拦的中国科研人才，其中就包括钱学森和王承书。因此，大家也时常称王承书为“总理亲自抢回来的女博士”。

满怀报国热情的王承书顺利回国后，马不停蹄地投入到了新中国两弹一星的国防建设事业之中。当时，筹建热核聚变研究室的负责人钱三强找到王承书，试图说服她改变研究方向，王承书了解到当时研究中的困难，没有犹豫，很爽快地答应了他的请求。当时，国家一穷二白，科研条件十分艰苦，研究工作是“一张白纸”，存在着极大的挑战，王承书深感使命光荣、重大，废寝忘食地投入科研工作中。凭借着超强的物理天赋，王承书不到两年时间就成了热核聚变领域的专家，并培养出一批该领域的研究人员。

1961 年，钱三强找到王承书，问她：“国家打算把原子弹研究中的分离铀同位素的重任交到你的手上，但是从此以后，你将隐姓埋名，就连你的至亲都无法得到消息，你愿意吗？”王承书没有丝毫的迟疑，点头说：“我愿意。”

1962 年，王承书便隐姓埋名，消失在众人的视野中，家里人都不知道她去了哪里，而这一去就是十余年。浓缩铀——原子弹的原材料极其重要，王承书带领团队夜以继日地进行艰苦研究，在漫长的、与世隔绝的十余年里，她将自己的生命都奉献给了祖国的国防科研事业。一次邓小平同志来到 504 厂进行视察，当他看到厂里唯一的女同志王承书时，竟然忍不住发出了一声惊呼：“你怎么也在这里！”邓小平曾经在一次群英会上与王承书有过一面之缘，他对这位才华横溢的物理女博士有着很深的印象。

原子城景区——上星站 西月 / 摄

王承书的同事吴自良（“两弹一星”元勋之一）清除了高浓缩铀生产的障碍，在王承书的带领下成功提炼出中国第一批高浓度铀，并制造出大型扩散机，解决了原子弹研究进程中的重大难关，使得我国的原子弹研究取得飞速进展，最终成功引爆了原子弹和氢弹。毛主席也盛赞王承书是新中国的“女功臣”。自此之后，中国在国际上有了不可轻视的地位，为科技强国奠定了坚实的基础。

群英荟萃，全力以赴，凌云壮志，终成现实。千千万万个科研人员就是金银滩草原上璀璨的群星，更是普通的一根牧草，一粒沙石。多少感人的故事，留在了这片草原上，让每一位参观的人都会被他们为国家的崛起而奉献一切的精神所打动，为他们攻坚克难，敢于挑战困难的大无畏勇气致以深深的敬意，这是对每个参观者灵魂的一次洗礼。今天的幸福生活，是共和国千万英雄的奉献和守护得来的。

来原子城纪念馆参观的游客络绎不绝，至今接待游客 400 余万人次。如果你想全面了解当年“两弹一星”研制的更多情况，还可以去看上星站的老火车在草原上静静守候的身影，可以到二分厂、爆轰试验场、地下指挥中心等处去参观。每一处都向世人诉说着当年群英会战的场景，每一个角落都可能寻觅到当年英雄们的足迹。

同宝山，魅力无限的圣山

绵延起伏在海晏县城西 18 千米处的同宝山，海拔 4024 米，藏语称为“吉却默勒同宝”，意为青海湖和金银滩草原的守护神。同宝山在美丽的金银滩草原上巍峨挺拔，临碧波连天的青海湖，成为观日出日落，欣赏草原风光、远眺青海湖美景的一个制高点，也是原子城重要的一部分。

同宝山，是一座英雄的山。它是原空军地空导弹独立十二营旧址，也是一座曾承载了“两弹一星”保卫重任的红色精神高地，是海晏县生态旅游暨红色研学基地。当年，在同宝山周围的牧民在时任州长、活佛夏茸尕布的带领下毅然决然离开这里，全力支持国家的科研工作。我国第一个核武器研制基地——221 厂在金银滩草原建成。选派了当时我国顶尖科学家和各类技术人员，在金银滩草原上开展了科研工作，在同宝山驻扎的防空部队担负着基地的保卫工作，确保了原子弹、氢弹的发射成功。从此，同宝山在我国军事史册上留下了光辉的一页。

同宝山不仅有感人的红色故事，也是风景壮美的一座名山。远眺同宝山，在高原湛蓝的天空下巍峨耸立，在广袤的金银滩草原上似一条巨龙守护着这片大地。走近同宝山，具有藏民族特色的绛红色的藏式山门在迎接远道而来的客人。沿着道路登上山顶，无限风光尽收眼底。同宝山夏季的风光最让人心醉，晴空高

冬季从同宝山远眺青海湖 西月 / 摄

远，白云悠悠，绿草似海，山花如星。远方的青海湖波光闪耀，一望无际，与同宝山遥遥相望；青海湖东北部金色的沙丘连绵起伏，沙岛湖泊星罗棋布；北部的金银滩草原上撒满成群牛羊，一座兴起的城镇西海镇充满人间烟火。

在同宝山上看日出观流云，更是一处绝佳之地。当太阳一点一点从地平线上升起，万丈光芒照耀在草原上、青海湖上，一切都像刚刚新生的事物，让人激动不已。有时，云雾缭绕的同宝山如同仙境，又是另一种神秘之美。在空气适宜的时候，同宝山上还能看到“万云归海”的奇观，着实令人惊叹。当青海湖的大量水蒸气上升到附近上空，遇到冷空气后形成大规模的云雾后，它们仿佛听到青海湖深情的呼唤，便呼朋引伴汇聚成一条浩浩荡荡的“云河”“云海”，铺天盖地、争先恐后地向青海湖滚滚而去，无比壮观，无比震撼。大自然独特、壮丽的景观，再高明的画家都难以描摹出它全部的美。

同宝山是唯一能看到青海湖全景的地方。在天际间，青海湖似镶嵌在大地上的一块巨大的翡翠，闪烁着迷人的光芒。天气好的时候，还能隐约看到湖心隐隐约约形如螺壳、面积仅 1 平方千米的海心山。山上修行的人们出行只有在开湖时乘船出海，置办半年的生活用品，封湖后就不再出来。海心山有古刹白塔，清雅宁静，历来是一心向佛之人潜心修炼的地方。在同宝山对面的山顶设有拉则，即敬山神台，当地牧民群众在每年大年初一、农历四月初八等日子便前来祭拜。他们煨桑，插箭，撒风马，高呼“拉加啰”祭拜青海湖、敬同宝山神。

同宝山下建有距今有 400 多年历史的藏传佛教寺院——白

佛寺，历史悠久，声名远播。白佛寺始建于明万历年间，寺院规模宏大，殿堂建筑风格极富藏传佛教寺院特色，是海晏县最大的藏传佛教寺院，历来香火兴盛。八世夏茸尕布·洛桑隆柔丹巴嘉措还是白佛寺的寺主活佛。同宝山下还有一处寺院，叫佛海寺，离白佛寺不远，寺院坐北朝南，西临青海湖，背靠同宝山，是藏

同宝山 陈文年 / 摄

传佛教格鲁派寺院。

同宝山会让你想起一首脍炙人口的歌曲《金瓶似的小山》：

金瓶似的小山，

山上虽然没有寺，

美丽的风景已够我留恋。
明镜似的西海，
海中虽然没有龙，
碧绿的海水已够我喜欢。
北京城里的毛主席，
虽然没有见过你，
你给我的温暖却永远在我身边。

歌词中的西海指青海湖。这是 20 世纪 50 年代诞生在金银

同宝山上 西月 / 摄

滩同宝山的一首藏族民歌，是青海日报社已故编辑朱丁在金银滩草原采访时，看到沿湖草原牧民的新生活、同宝山的巍峨高大以及草原美景触动灵感而作，谱曲作者是著名音乐人冰河。歌曲描绘了青海湖、金银滩、同宝山的自然美景，表达了对领袖毛主席的敬仰，抒发了朴素而美好的情感，成为人人喜欢、家喻户晓的经典歌曲，广泛流传。

在同宝山脚下的露营基地可以骑马漫步，晚上在星空房看高原迷人的星空，吃烤全羊，让人身心舒展，体验新奇。

巍峨连绵的同宝山风光独特迷人，文化底蕴深厚，守护和见证了我国第一颗原子弹、氢弹从金银滩研制成功的艰难历程，它是一座与众不同的山，一座有红色故事的山，让我们走近它，去领略它的无限魅力。

CHAPTER 05

王洛宾与金银滩——只为途中与你相见

转山转水转佛塔，只为梦中与你相见……

金银滩草原风光 陈文年/摄

“在那遥远的地方，有位好姑娘，人们走过她的毡房，都要回头留恋地张望……”这首熟悉的旋律响起时，仿佛有一股魔力，将人们的心弦轻轻拨动。这首由“西部歌王”王洛宾创作的《在那遥远的地方》自诞生以来，便以其悠扬的曲调、质朴的歌词传唱大江南北，打动了无数人的心，成了中国民歌的经典之作。它不仅是一首歌曲，更像是一声召唤，勾起人们对梦幻海北无尽的遐思与向往。

而这歌曲中令人魂牵梦绕的“遥远的地方”，正是位于青海湖畔美丽的金银滩草原。东距省会西宁 100 千米，南距青海湖仅 28 千米，方圆 1100 平方千米内，麻皮河和哈勒景河蜿蜒贯穿而过。她的名字因“两弹一星”红色精神让人铭记，因一首世界名曲的诞生而让人神往，因草原风光优美而誉满全国。

当我们怀揣着对这首歌曲的热爱，踏上这片土地，就仿佛踏入了一个被岁月尘封的梦幻之境，转山转水转佛塔，只为梦中与你相见，一段充满诗意与浪漫的旅程就此展开。

金银滩，在那遥远的地方

关于金银滩名字的由来，有多个美丽的传说。有人说，金银滩因牧草丰茂，牛羊肥壮，矿藏丰富，人们以金银遍地来形容她的美丽和富饶，故称之为“金银滩”。也有人讲，这里河北面的草滩上盛开着金露梅，是为金滩，河南面的草滩开满银露梅，即为银滩，当金露梅和银露梅肆意绽放的季节，花儿将草原装点得如诗如画，因此被称作金银滩。

自古以来，金银滩曾是游牧民族逐水草而居的乐土，经历了羌、吐谷浑、吐蕃、蒙古等各部的更迭，从清代开始便是藏民族世世代代生活的家园，是典型的牧区，数十万头（只）牛羊在这里悠然生息。在历史的长河中，金银滩见证了无数的历史变迁，承载着藏民族对草原的热爱与眷恋，他们的生活与这片土地紧密相连，传统的文化和习俗在这片草原上代代相传。

1939 年，“西部歌王”王洛宾的到来，让金银滩有了不一样的身份，成为“在那遥远的地方”的代名词。当时，王洛宾因拍电影来这里，与藏族姑娘萨耶卓玛相遇，一段短暂而浪漫的故事就此展开。草原独特的风情以及卓玛姑娘的美丽与热情激发了王洛宾的创作灵感，他以萨耶卓玛为原型，创作出了传唱至今的

金银滩草原 老梅 / 摄

名曲《在那遥远的地方》。从此，金银滩这个名字随着这首歌曲的广泛传播被越来越多的人所知晓，它不再仅仅是一个普通的草原牧区，而成了人们心中充满浪漫与诗意的远方。

那是 1939 年的夏天，中国电影创始人之一郑君里率领摄制组来到青海金银滩草原，拍摄影片《民族万岁》，当时正在西宁教书的王洛宾受邀参加。在这片广袤无垠、风景如画的草原上，王洛宾邂逅了一位美丽纯真的藏族少女——萨耶卓玛，她是金银滩草原上自由歌唱的百灵鸟，是当地同曲乎千户的养女，正值青春芳华。她的美丽在金银滩草原上远近闻名，人们都说：“草原

牧歌 冯武 / 摄

上最美的花儿是格桑花，青海湖畔最美的姑娘是萨耶卓玛。”

摄制组就驻扎在千户家，漂亮、聪慧、率真的萨耶卓玛被选定为女主角。草原上的女孩能骑马，善歌舞，天生丽质中带有几分野性。有一次，王洛宾不小心把卓玛的马给惊跑了，她调皮地给了王洛宾一鞭子，让他感受到了一种从未有过的心动与甜蜜，这一鞭的滋味，也永远留在了他的记忆深处。王洛宾的灵感被漂亮活泼的萨耶卓玛激发出来，他后来曾说：“我非常喜欢那位藏族姑娘卓玛，拍电影的时候和她在一起，产生了一种神奇的、强烈的感情，后来就有了这首歌。”

草原风情 朵国忠 / 摄

草原花正艳 陈文年 / 摄

以萨耶卓玛为原型，王洛宾先生创作的经典民歌《在那遥远的地方》，凭借其真挚的情感、浪漫的诗意与悠扬的曲调，深深打动了无数人的心灵，赢得了海内外歌迷的喜爱。这首歌曲宛如一幅灵动的画卷，将美丽的金银滩草原的自然风光与人文情怀完美融合，让人们在悠扬的旋律中仿佛置身于那片充满诗意与梦幻的草原，在人们的心中留下了一幅永恒而动人的自然画卷。

当你踏入金银滩，仿佛进入了一个梦幻的世界，这里的一切都与《在那遥远的地方》中所描绘的优美意境完全契合。湛蓝如宝石般的天空，广袤无垠的草原，洁白的云朵像棉花糖般飘浮在空中，仿佛触手可及。远处，连绵起伏的山峦在阳光的照耀下，轮廓清晰、山势挺拔，与天边的云霞相互辉映，构成了一幅绝美的画卷。

每年7月至9月是草原上的黄金季节，也是旅游的黄金期。草原上天空与湖水一色，乳白的云朵变幻无穷，牧草青青，百灵稠啾，牛羊这儿一群，那儿一群，不时有珍贵的普氏原羚敏捷地出没在草丛，动静完美结合，让草原生动起来。眼睛黑亮的牧羊姑娘哼唱着情歌，走在星星点点野花绽放的草原上，给人空旷而舒展，自由而祥和之美。这里最适合放牧心情，你可以漫步在草原上，感受着脚下柔软的草地，呼吸着清新的空气，让身心得到彻底的放松；你也可以骑上一匹骏马，在草原上尽情驰骋，体验那种自由奔放的感觉；或者，安静地坐在草原上，欣赏草原的无限风光，聆听大自然的声音，草原的宽阔让心灵长上翅膀自由翱翔。

夏季雨后的金银滩草原，碧草如茵，微风拂过，草浪起伏，仿佛绿色的海洋泛起层层涟漪。野花遍地，灿若星河，草原得到雨水的滋养而更加翠绿，一道道小河在草原上蜿蜒前行，空气清新，惠风和畅。成群的牛羊悠然自得地吃草，与你共享这美好时光。客人们可以在这里骑牦牛、骑骏马、吃藏餐，体验游牧生活的乐趣。

王洛宾音乐艺术馆，浪漫的灵魂之旅

来原子城旅游，热爱艺术的人一定不要错过坐落在西海镇的王洛宾音乐艺术馆，来了解这首民歌的诞生情况和王洛宾先生一生对音乐的痴爱与贡献。

中国有两座王洛宾音乐艺术馆，一座在新疆吐鲁番市葡萄沟，一座就在海北州金银滩草原上的西海镇。音乐艺术馆的外观造型呈立体方形，建筑面积 1321.37 平方米。正面是一面纪念墙，呈便笺纸造型，上有《在那遥远的地方》手稿，表现了这首名曲从金银滩草原走向世界。艺术馆自 2009 年 6 月 29 日正式开馆后，引起了国内外文化界和音乐界的广泛关注，王洛宾的子女、亲属及生前好友赠送了大量未经公开的珍贵照片、手稿、音像资料，丰富和充实了纪念馆。该馆是目前全国规模最大、最能集中体现王洛宾音乐文化和西部音乐艺术的纪念馆。

馆内总体布局上下两层，由多功能厅、贵宾厅、互动视听房、主展厅四大部分组成。设 80 人座位的多功能影视厅，展映王洛宾的影视纪录片、故事片等。贵宾厅展有社会各界、艺术家以及王洛宾生前好友书画作品。互动视听间游客可以进入王洛宾先生的歌曲，亲身体验歌王作品的魅力。二楼主展厅由“走向音乐圣地”“在音乐圣地的多彩绽放”“矢志不渝的音乐追求”“西部音乐的传歌者”“乐缘情未了”五个篇章构成。

馆内陈列 700 余张珍贵的照片、实物，百听不厌的《在那遥远的地方》《掀起你的盖头来》《达坂城的姑娘》《半个月亮爬上来》等 200 余首不同时期的歌曲、歌剧手稿，充分展示了这位中国民族音乐家不凡的音乐才华与成就，这是留给世人的音乐瑰宝。

据说王洛宾先生生前有一个 500 年的音乐计划，就是用有限的生命写出能让大家传唱 500 年的歌。他的这份执着与梦想

在那遥远的地方
洛宾 詞曲
1 在那遥远的地方 有位好姑 娘
2 她那粉紅的笑脸 好像红太 陽
3 我願流浪在草原 給她去放 羊
4 我願做一隻小羊 跟在她身 旁
人们走过她的帐房 都要回頭留恋的張 望
她那美丽動人的眼睛 好像晚上明媚的月 亮
每天看着那粉红的小脸 和那美丽金边的衣 裳
我願每天她拿着皮鞭 不断輕輕打在我身 上
一九三九年
寫於金银灘

纸笺手稿造型 西月 / 摄

让中国民族音乐从美丽的金银滩草原走向了世界。在王洛宾先生生前搜集、整理的1000多首经典音乐作品中，有50多首作品是在金银滩草原完成的。

有人说，凡是有华人的地方，就有人传唱着王洛宾的西部情歌，尤其是《在那遥远的地方》脍炙人口。三毛把在乌鲁木齐对王洛宾的采访整理成《中国“西北民歌之父”王洛宾一鞭钟情》一文在台湾省发表，继而在新加坡《联合早报》上撰写了《〈在那遥远的地方〉找到了原作者》，一石激起千层浪，王洛宾的大名迅速蜚声海峡两岸，连三毛自己也没有想到，这两篇文章会产生如此巨大的社会效应。《在那遥远的地方》自1939年问世便不胫而走。世界著名歌唱家保罗·罗伯逊、多明戈、卡雷拉斯等人都将这首歌作为保留曲目，唱遍世界各地，法国巴黎音乐学院更是将这首歌编入学院东方音乐课程教材里。

这首歌传唱开后，家喻户晓，人人喜爱，因而成为“一首跨越地域、语言、种族和时代的华人声乐艺术佳作”；同时也为王洛宾赢得了“西部歌王”“西北民歌之父”的美誉；“在那遥远的地方”也名副其实地成了金银滩草原的代名词。

在那遥远的地方，
有位好姑娘，
人们走过她的毡房，
都要回头留恋地张望。
她那粉红的笑脸，
好像红太阳，

她那美丽动人的眼睛，
好像晚上明媚的月亮。
我愿流浪在草原，
跟她去放羊，
每天看着那粉红的笑脸，
和那美丽金边的衣裳。
我愿做一只小羊，
跟在她身旁，
我愿每天她拿着皮鞭，
不断轻轻打在我身上……

在音乐艺术馆，有一张珍贵的黑白老照片，照片上的萨耶卓玛有着姣美的面容，明亮的双眸。她梳着粗黑的大辫子，穿着传统的藏袍，端庄美丽，仿佛在对人们诉说着那段美好的岁月。

CHAPTER 06

历史遗迹——时光里的回声

追寻古道驼铃声声，了解多民族相互交融发展和积淀的历史文化。

祁连峨堡古城遗址 治青林 / 摄

梦幻海北，历史悠久，人文璀璨，底蕴深厚。这是一方被岁月温柔以待的净土，这里的天空蓝得纯粹，仿佛是用最上等的绸缎精心铺就，轻盈而又梦幻的云朵，像是刚刚盛开的朵朵白牡丹。绵延的雪山、青青的草原、成群的牛羊，如同流动的音符，奏响了一曲和谐的自然乐章。在这片充满诗意的土地上还深藏着无数的历史遗迹，它们就像是被岁月尘封的珍宝，静静地等待着人们去揭开神秘的面纱，探寻那些被遗忘在时光深处的故事。

漫步在海北藏族自治州这片神奇的土地上，历史的遗迹星罗棋布，每一处都仿佛是一部生动的史书，镌刻着岁月的痕迹，诉说着往昔的辉煌与沧桑。

西海郡故城遗址这座位于海晏县金银滩草原上的古城，宛如古老的乐器，弹奏着神秘的音符。它俗称“三角城”，始建于西汉平帝元始四年（4 年），是青海年代最早、规模最大的一座郡建制的古城。城墙由夯土筑成，虽历经两千多年的风雨侵蚀，仍顽强地挺立着，仿佛在坚守着那段尘封的历史。城内曾出土过众多珍贵的文物，其中最著名的当数虎符石匮，它静静地躺在博物馆中，上面的铭文仿佛在向人们诉说着当年的政治风云和军事机密。

站在祁连峨堡古城之前，仿佛能看到当年的热闹景象：络绎不绝的商旅驼队在这里停歇、交易；威武的将士们，在城墙上巡逻、站岗。这里曾是丝绸南路的军事重镇和重要驿站，是中原与西域交流的重要通道，见证了无数的商贸往来和文化交融。

在门源县境内，还有一段神秘的汉代长城遗址。它虽然历经了岁月的洗礼，大部分城墙已经坍塌，但仍能从残留的墙基和烽火台中，感受到它当年的雄伟与威严。据史书记载，这段长城是为了抵御外敌入侵而修建的，它凝聚着古代劳动人民的智慧和血汗，是他们保家卫国的历史见证。

有 300 余年历史的清代永安古城，是历史上金戈铁马，烽火狼烟的交通要道，连接着祁连山南麓与甘肃的河西走廊。也是军队驻扎，商家云集的繁华商贸重镇，它在皇城草原上静静诉说着历史的过往。

这些历史遗迹的形成，犹如一部宏大的史诗，每一页都承载着厚重的历史背景和复杂的成因，它们是政治、军事、经济等多种因素交织碰撞的结晶。

海北的祁连县历经羌、吐谷浑、吐蕃、唃斯啰部等部族的交

西海郡博物馆 西月 / 摄

替，其后又经历了元代为甘肃甘州辖区，明代为西宁卫辖区，清代隶属西宁政府等时代和政权的更替，历史文化源远流长，留下了丰富的古遗迹。祁连是青海进入河西走廊的咽喉要道，峨堡古城的兴起，则与当时的经济发展和交通需求紧密相连。在古代，丝绸之路是连接东西方的重要贸易通道，峨堡古城凭借其得天独厚的地理位置，成了丝绸之路上的重要驿站和商贸中心。在风景秀美的祁连大草原深处是卡约文化时期的夏塘台遗址，具体位于祁连县扎麻什乡夏塘台村北约 1 千米的台地上，北临黑河。遗址痕迹清晰，呈方形，面积约 1.4 万平方米，地面散布有卡约文化时期加砂红陶单耳罐、无耳罐、壶、大口瓮残片。系省级文物保护单位。

海北的门源县地处青藏高原与黄土高原过渡地带，是青海连接河西走廊的必经之地，历史上是横贯南北的丝绸南路的枢纽，也是重要的交通要道，是历史上覆袁川大战地带。门源县境内的汉代和明代长城遗址修建的初衷则主要是为了军事防御。据《史记·匈奴列传》记载，西汉时期，为隔绝胡羌，打通西域，于元狩二年（前 121 年）冬派霍去病“出陇西北地二千里击匈奴，过居延，攻祁连山”，汉代长城的修建与这一历史背景息息相关。

海北的海晏县是湟水的发源地，是多民族聚居之地，有卡约文化时期的德州墓地。墓地位于海晏县托勒乡德州村，距县城 45 千米，墓地出土了铜镜、陶片等物，系省级文物保护单位。海晏也是汉代王莽新政设置西海郡之地，出土了国家一级珍贵文物“虎符石匮”。西汉时期，为了加强对边疆地区的统治，拓展疆域，同时隔绝胡羌，打通西域，西汉王朝在这片土地上采取了一系列重要举措。汉平帝元始四年，王莽派人持金币财物，诱降羌人，在海晏县设置了西海郡，这便是西海郡故城遗址的由来。西海郡的设立，不仅是政治上的一种统治手段，更是中原王朝对边疆地区进行有效管理的重要尝试。它的存在，加强了中央政权与边疆地区的联系，促进了民族之间的交流与融合。

刚察在秦汉时期是卑禾羌部落的游牧地，水草丰茂的青海湖地区是西海郡的辖区，在经过鲜卑族、吐谷浑、吐蕃、唃厮啰、蒙古和硕特部，甘州、清政府、民国等政权更替管辖地区，历史源远流长，境内发现了多处齐家文化、卡约文化古遗址以及古墓葬和岩画。

除以上历史遗迹以外，海北还有汉代尕海古城，唐代的门源金巴台古城、岗龙沟石窟寺，宋代的浩门古城、克图古城以及刚察舍卜齐、哈龙沟岩画等多处文化遗迹。这些历史遗迹静默在海北千年的风中，像一部历史的长卷，向我们诉说着悠悠过往。北宋年间，藏传佛教传入海北地区，藏文化兴起，境内留下了许多建筑风格独特、艺术价值较高的寺院，像明代的海晏白佛寺，明清时代的仙米寺、珠固寺，祁连阿柔大寺，刚察沙沱寺，民国时期的刚察大寺等，给海北增添了厚重的藏族历史文化底蕴。

海北大地自古就是交通要道，兵家必争之地。在历史的长河中，金戈铁马、狼烟四起是常态。两汉时期发生过汉击匈奴之战，汉与羌人争夺西海郡之战，魏晋时期蜀羌联合攻魏之战、隋炀帝与吐谷浑之战，唐朝与吐蕃之战，明清时代蒙古军偷袭大通城之战，平定海北反清之战等等风起云涌的战乱，印证了海北作为交通要道的重要性和物产的丰饶。曾写下“莫愁前路无知己，天下谁人不识君”的唐代著名边塞诗人高适，在青海一年，写下了“青海阵云匝，黑山兵气衡。战酣太白高，战罢旄头空”的征战沙场的壮烈景象。因哥舒翰在海心山修筑应龙城，还派遣神策军戍守，诗中“青海”指青海湖及环湖地区。

在古丝绸南路之一的海北，你可以追寻当年古道驼铃声声，了解羌人、吐谷浑、吐蕃、蒙古族、藏族、回族和汉族相互交融发展和积淀的历史文化。这里的一切值得让你“千年一叹”。

岗龙石窟，摩崖石刻艺术的瑰宝

在门源仙米森林公园境内，距离县城 30 千米的东川镇巴哈村岗龙沟深处，过巴哈桥向南行进 10 千米左右，便可到达岗龙石窟，是省级文物保护单位。

巴哈桥传说是当年隋炀帝走过的桥，他率大军从这里奔赴草原，才有了历史上著名的覆袁川大战。当时草原霸主吐谷浑屡屡侵袭丝路商道，使丝路重镇交通受到巨大威胁，大业五年（609 年）隋炀帝，率大军 40 万御驾亲征。当年隋炀帝大军翻越达坂山过河至门源，滔滔的大通河挡住了大军行进的脚步。因雨季水流湍急，隋炀帝只好下令军队先停止前进，马上建桥。他们就地取材，砍伐建桥木料，搭建起了简易的木桥，建好后，隋炀帝骑马过桥，行至桥中，不料木桥断裂，幸亏坐骑是名扬天下的青海骢，它一声嘶鸣一跃而过，隋炀帝安然无恙，但受到了惊吓，下令斩首修桥人 9 名，与当今巴哈渡口出土的几具无首尸骸相

石塔 西月 / 摄

印证。

岗龙石窟历史久远，雕凿于唐代，是青海境内保存较为完整的为数不多的石窟之一。“岗龙”是藏语，意为雪沟。因是南面山沟，冬季积雪不易消融得名。沟深约 3 千米，坐落在华热藏族聚居区，是对佛教的虔诚信仰的体现。一说，岗龙石窟的石塔、佛像在塑造方法、形象上与大都麻河口、天梯山及其他河西走廊的石窟、石塔、佛像非常相似，由此推断为北魏太延四年(438 年)之作。但不管怎么说，如此雕凿技艺高超的石窟，都是雪域高原人民追求美好、和谐的精神境界的体现。

冬季的岗龙沟苍山暮雪，旭日挂峰，沟内万籁俱寂，石窟静默，如临佛家法场，庄严肃穆。盛夏季节，来到岗龙沟，只见两边山峰耸立，白云悠然，苍鹰翔空，草木青翠，野花争艳，秀丽无比。站在石窟山下远观，一面南北走向的红砂石崖上石塔、佛像静默在时光里，经历千年风雨仍完好无损地呈现在世人面前，令人惊叹。

传说唐朝的一名石匠在此开凿时不慎坠地身亡，他变成了一只鹰在此守候（如今在岗龙沟能常常看见山鹰高翔）。后来山鹰托梦给一位道人，告诉他在岗龙沟开凿石窟的愿望，但这位道人面对如此艰巨的工程，迟迟没有动手，山鹰很气愤把道人驱逐出沟。后来，沟里来了一位阿卡，在这里静修。他时常看到一只山鹰在岩壁上用嘴啄雕，山鹰之意被阿卡领悟，于是，阿卡用多年的时间精心开凿，等完工为石窟安门时，一阵大风把他吹到了半空，眼看就要坠落到地上，山鹰飞来叼住了他的衣服，救了阿卡。慌乱中，阿卡忘了写上自己的名字。谁人雕凿，因此至今无

石佛山 殷正元 / 摄

从考证。

据专家测量，开凿的这面石崖南北长100米，高50米。石窟由一尊佛像和一座石塔组成。石塔由莲花座，覆钵式塔身十三天相轮和日月塔刹构成，塔身腹部开凿有眼光门，其内供奉用红泥制作的许多泥佛像。据史料记载，这是一座典型的喇嘛塔，塔身通高6米，座宽2米；石塔左侧凿有一尊释迦牟尼佛像，高1.2米，宽1.8米，法相轮廓清晰，比例协调，慈祥而威严。右侧凿有较小佛像一尊，在塔的北侧还有一座高石崖，崖面上刻有藏文经文，六字真言和小塔、小佛像及汉文“宝塔建在戊寅年”等文字。微风吹起人们敬献的哈达和悬挂的彩色的经幡，哗哗作响，恍如看见远古的匠人在半山腰艰辛地雕凿的背影，听见散落的碎石击打着沟里的宁静。

岗龙石窟与国内的一些石窟相比虽然规模很小，但其艺术风格毫不逊色，石窟雕凿古朴自然，体现了古代工匠精湛的雕凿工艺。佛像生动逼真，具有浓郁的民族文化内涵，也具有历史、艺术价值。

“黄尘清水三山下，更变千年如走马。”沧海桑田，世间千年变幻无常如急奔的骏马。山谷里，依旧的风，南来北往，历史的长河由人书写，千年的艺术才能长存。

永安城，草原上的咽喉要道

门源县皇城蒙古族乡，草原广袤，牛羊肥美，骏马嘶鸣，历史积淀深厚。之所以叫“皇城”，是因为这里汉代时是皇家的夏宫，也是皇家的牧马之地。在这片黄金草原上，史称“青海骢”的名马——浩门马在这里奔驰，此马身形俊美，善走对侧步，有耐力，通人性，是历代公认的好马，雕塑“马踏飞燕”的原型就是浩门马。在这片历史积淀丰厚、水草丰茂的草原上，有300余年历史的清代永安古城坐落在此。永安古城是具有代表性的一座古城，这里是当时的战略要地，咽喉锁钥，距离门源县城50千米。

永安城并不“永安”。历史上，它是烽烟四起，兵家相争的交通要道；也是商家云集的繁华商贸重镇，连接着祁连山南麓与甘肃的河西走廊。永安古城所在的这片草原承载了沧桑的历史变

永安城一角 西月 / 摄

迁，留下了金戈铁马，杀戮盗掠的印记。

永安古城始建于清雍正年间，用黄土夯筑了一座坚固、繁华的城池，南北宽 438 米，东西宽 353 米，城墙高 7.3 米，古城有炮台 8 座，壕沟深 1.6 米，东西两门原各建瞭望塔，如今均无迹可寻。

古城周围的这片草原曾是古代重要的战略要地。当时，西汉的骠骑将军霍去病追击匈奴的兵马一度从这片草原上穿过；史上有名的“覆袁川大战”在这里拉开序幕，隋炀帝统兵数十万，浩浩荡荡一路西上，讨伐吐谷浑，战火从城北一带的草原上燃起；清雍正三年，抚远大将军年羹尧为了彻底打击罗布藏丹增，派提总兵王栋用当地构造法夯筑永安营及城池；1928 年，被蒋介石任命为第十五路军第二路纵队司令的马仲英河州战乱后抵达永安城，并在此扎营，因年轻气盛、意气风发被人们称为“尕司令”。之后，马仲英北窜甘肃。从此，永安城废弃，结束了它的历史使命。后来，《格萨尔王》等影视剧在此拍摄。

当你登上高大厚实的土城墙凭吊抒怀，极目远眺，草原流云，空旷辽远，这座空城仿佛在向你讲述它曾经的辉煌和如今的苍凉，如一首边塞诗，回味悠长。

西海郡，史海里璀璨的星辰

青海湖之滨的大草原上不但有形象矫健俊美，日行千里的“龙驹”，还有名震四方的历史名城——西海郡古城。距青海湖东北侧 30 千米处，位于海晏县三角城镇三角城村西侧是西海郡古城。其南北两侧有卧佛山和红蛇山守护，东西为开阔的大草原，东南500米处有湟水河潺潺流过。西海郡古城原名“龙夷城”（龙耆城），俗称三角城。

西海郡古城，城址规模宏大，平面略呈正方形，均长约 600 米，城东、西、南、北墙正中各开一门，墙体夯土筑，1988 年 1 月被国务院公布为第三批全国重点文物保护单位。

在这“天苍苍、野茫茫”的大草原上，西海郡古城历尽了两千年的风雨。西汉末年，王莽以“北伐匈奴、东致海外、南怀黄支”的谋略，向西扩展统治政权。用大量黄金货币让卑禾羌献地称臣。王莽得到西海地区后，为取“四海归一”之意，在这里修建“西海郡”管辖青海湖环湖地区。于汉平帝元始四年（4 年）冬，设西海郡，郡下沿青海湖滨设五城，今海晏县西海郡古城是其中之一，五城归西海郡管辖。烽火狼烟在这里从未停息，据史料记载：6 年，羌人首领庞恬等怨恨王莽夺地建郡，起兵围攻西海郡，太守程永仓皇出逃，事后被王莽处死。次年，王莽又派窦况率兵击败羌人，收复失城西海郡。9 年王莽篡政，同年秋派将军王奇出使各地，收废汉玺印，授予新政兵符印信，并颁布“四十二篇”符命昭示天下，十月，西海郡正式归属新政管辖，并立“虎符石匮”以正视听。23 年，王莽政权崩溃，卑禾羌遂又夺回了故地，西海郡随之废弃。东汉时，郡城曾一度为金城西部都尉治所。650 年，封松赞干布为驸马都督、西海郡王。在唐蕃古道尚未开辟之前，西海郡历来都是通往柴达木等地的交通要道，是兵家必争之地。因先后成为汉、藏、蒙古、回鹘等民族的政治、文

虎符石匮 西月 / 摄

化、经济中心而久负盛名。

国家一级珍贵文物——虎符石匮（石制的柜子）出土于西海郡古城遗址，现存放在海晏县西海郡博物馆内。虎符石匮高 2.03 米，由虎符和石匮上下两部分组成，正面有铭文“西海郡虎符石匮始建国元年（9 年）十月癸卯□工河南郭戎造”。这件组合成套的带铭石刻是我国迄今发现时代最早的大型石刻，为研究古代郡县制的建置以及当时的雕刻、书法艺术等提供了珍贵的实物依据。关于虎符石匮，还流传着这样一个故事：1942 年，马步芳幕僚冯国瑞懂文物，欲运至西宁，不料途中木车车轴突然断裂，晴空忽变，狂风大作、雷电交加，众人大惊失色，认为此物乃“神物”，只好运回原地。

西海郡古城内曾采集到西汉时期的五铢、货泉、大泉五十等

西海郡壁画 西月／摄

货币及“小泉直一”钱范（钱模）、“五铢”钱范、“长乐未央”瓦当（古代房屋瓦头装饰）。东汉时期的“西海安定元兴元年作当”铭文瓦当，唐代的莲花纹瓦当以及宋代的崇宁重宝、圣宋元宝钱币等珍贵文物。

西海郡是中原王朝在青海境内设置的第一个郡级单位，为研究边疆少数民族与中央王朝之间的关系提供了宝贵资料。西海郡的设置把汉代西部疆域和郡县制扩大到青海湖地区，使青海西羌活动地域划入了当时汉朝的政治统治区域之内。

漫步在西海郡，感叹时光斗转星移，关山寒月，芳草萋萋，那金戈铁马，历史烟云，在海北史册中熠熠生辉。

峨堡城，古丝路上的繁华重镇

在祁连大草原上，距祁连县城 72 千米处，是古丝绸南路的重要驿站和交通要道，素有“青海北大门”之称的祁连峨堡古城遗址。

“峨堡”为蒙古语，藏语称为“喀尔玛”，意为红色的古城，古时称“博望城”“红城”。峨堡古城遗址历经岁月风吹雨打的侵蚀，仍清晰可辨，保存完好，2008 年被青海省人民政府公布为省级文物保护单位。

祁连峨堡镇是每个去祁连的人必经之道，快到峨堡镇，你会远远看到一座威武的古城屹立在那里，在蓝天下气势雄伟，这是新仿建的古城，给人视觉上的冲击，仿佛你就是那个风尘仆仆的商人，来到了繁华、热闹的驿站，有穿越之感。

东晋隆安三年（399 年），僧人法显前往天竺（印度）求经，途经峨堡，成为佛教东传的历史注脚。隋朝大业五年（609 年），祁连草原上演了隋炀帝西征吐谷浑的壮阔战事，使峨堡所在的扁都口成为军事战略要冲。公元 9 世纪，莲花生大师的高徒巴郭·叶西央在此地传教，于扁都口的崖岩上凿刻神秘石佛，为峨堡增添了神秘的人文色彩。时光流转至 1949 年 9 月，峨堡古城再次见证历史转折：中国人民解放军一兵团司令员王震率二军指战员在此接见阿柔千户南木卡才巷，席间挥毫写下“白雪罩祁连，凯歌进新疆”的豪迈诗句，将这座古城的千年沧桑，汇入中华人民共和国诞生的壮阔乐章。

古丝绸之路从长安出发，一路西行，穿过河西走廊，出玉门关，逾帕米尔高原到中亚各国，经过青海的“丝绸南路”附道，汉时被称为青海道或羌中道。

峨堡是丝绸南路上的一个重要驿站。据《后汉书·西域传》记载：“驰命走驿，不绝于途，商相败客，日款于塞下。”由此可见，当时的峨堡人来客往，商贾云集，热闹异常。据史料记载，峨堡日趋繁华，是因为东晋年间在河西走廊一带出现了群雄割据的局面，战事频繁，交通受阻，东西往来的商队、使节全部改由青海通过，使这条南道变得更加繁荣起来，凡西来经大斗拔谷（扁都口）的商贾、使节，都要通过此地，峨堡便成为今青海境内的首站。

盛唐时期，丝绸南路的繁华达到一个高度。经过峨堡中转站的商贾、使节、僧侣、游人大增，他们在这里修整好后又整装出发，

祁连峨堡丝路石雕 西月 / 摄

把中国大量的丝绸、漆器、铁器、瓷器以及农业水利、冶炼、养蚕等技术，均由丝路传到中亚乃至欧洲。西域的葡萄、核桃、大蒜、胡萝卜以及玻璃、海西布（呢绒）等也传入中原地区。著名的“青海骢”就是波斯良种马与祁连山马繁育的后代。当时祁连地区的吐谷浑商队也相当活跃，经常往来于东西各方和南北各地，并到达波斯等国。丝绸之路打通了中国国内与国外的贸易通道，通过广泛的交易与交流，在物质、艺术、水利等各行各业都得到了相互学习，极大地丰富了各国人民的物质文化生活。峨堡成为“丝绸南路”上最大的贸易集散地之一，也是青海的贸易和文化交流的重要“口岸”。

北宋年间，河西走廊被西夏占据后道路再次受阻，峨堡的

“丝绸南路”继续保持着繁荣。元代始筑峨堡城（博望城），以加强防卫和保护商队、行人的安全，此后这里又逐渐成为驰名中外的茶马市场，以交易羊毛、茶马为主，过往商贾也将丝绢、铁器等出售或同当地人交换，一时间商贸兴盛，中原大量的丝绸凌绢、麻织品、瓷器等和西域的玛瑙、玉器及当地有名的鹿茸、麝香、牛羊等土特产，通过商人贩运到这里交易。茶马驿站，驼铃声声，人来人往，叫卖声，说笑声交织成一片，客栈、饭庄的生意兴隆，使当时的峨堡城极度繁华。集中在这里的商品丰富，交易量大，本地的买卖人赶着成群的马牛羊，拉来羊毛、皮子，人们精挑细选，相中的经过一番讨价还价，一笔笔的生意在这里成交。峨堡在相当长的一个时期里发挥了极其重要的交通枢纽作用，成为丝绸南路上一颗耀眼的星。

峨堡茶马驿站的衰落是从明代开始，由于海路的开辟，海运事业的日益发达，沿海许多城市成为通商口岸，更加便于货物的运送，节省了时间和成本，使商贾、使节大都改走水路，丝绸南路日渐商家稀少，整个青海地区的对外贸易和文化交流日益萧条，峨堡城也由盛转衰。

在清朝末年，峨堡的民间贸易曾一度兴起，但丝路作用已经丧失，当地的商人、居民纷纷外迁，使这条古道变得人迹稀少，商贸萧条，逐渐成为一片废墟，退出了丝绸之路的历史舞台。

在祁连大草原上，这样的古遗址不少，出土文物也有十多处，可以追溯到青铜时期以羌人为主体的卡约文化。草原文明是人类灿烂文明的重要组成部分，在这里，你能感受到人类发展史以及丝路文化的源远流长。

哈龙沟岩画，先民童心的古老印记

距海滨之城、鱼鸟天堂的刚察县府驻地18千米处，有岩壁上的绘画——哈龙沟岩画。这些岩画让我们了解到7世纪到9世纪，在青海湖的西南部就有游牧部落的先民们放牧生活。

青海湖畔水草丰茂，是牛羊的乐园，是游牧民族生活的理想之地。哈龙沟岩画分布在青海湖南岸8千米的阴山，3000多米处的6块花岗岩石上，阴山是刚察吉尔孟乡牧草肥美的天然牧场，有牧人的羊群、帐篷，炊烟，藏獒，一派风景如画的草原风光。

观赏岩画需到达山顶，那里有一处很深的断崖，往下看会有些眩晕。人工打磨后的青色崖壁，壁面平整、光滑，雕刻着牦牛、羊、鹿、野猪、骆驼等动物形象。可见，岩石是人类最早使用的绘画材料，线条古朴、豪放，朴拙的雕凿技艺形象生动地体现出环青海湖先民生活的细节，成为人类最早的历史文献。看着这些简单而又形象的图案，遥想先民们当时雕刻的场景，在空旷、宁静的草原上，羊儿、牛儿自由啃食着鲜嫩的牧草，百无聊赖的牧羊人随意在那光滑的崖壁上雕刻自己的生活，岩壁就是他作画的最佳画布，对自家的牛羊、牧犬的喜爱使他的作品自然生动、逼真。他们想把自己熟悉的生活都刻下来，日积月累，这些图案栩栩如生，任漫长岁月里风雨的侵蚀都没有完全消失。

据专家研究，这些唐朝时期的岩画，由于岩面风蚀剥落，现存画幅不多，有着极高的人类发展历史研究价值，为省级保护文物。探秘岩画，它们在刚察大草原上为我们讲述先民们在这里

岩画 西月 / 摄

生产、生活的历史，斑驳的岩画让人感受到时光如白驹过隙，沧桑厚重。在欣赏岩画艺术的同时也可一览刚察草原美丽的风光，让人感慨天地悠悠间，人类生生不息的脚步在走向文明的道路上留下的清晰印迹。

CHAPTER 07

非物质文化遗产——传承文明的烛火

踏入海北的土地，便能深切感受到这里非物质文化遗产的丰富多样。

藏族舞蹈 西月 / 摄

海北藏族自治州历史源远流长，早在 3000—5000 年前就有人类活动的痕迹。繁衍生息在这片土地上的各民族，用智慧和勤劳的双手，不断创造和丰富了民族民间文化，推动了社会的发展与进步。在人类文明的历史长河中，传承了既有本民族独特、鲜明的文化个性，又有多民族相互融合发展的共性的特色文化。各民族在传统服饰、生活习惯、宗教信仰、婚丧嫁娶，文明礼仪等方面形成了各自的习俗和规范，传承了与生产生活息息相关的优秀文化遗产，内容丰富、底蕴深厚。内容涉及民间文学、民间音乐、舞蹈、曲艺、手工技艺、生活习俗、岁时节令、民间信仰、传统医学等。在精彩纷呈的非物质文化遗产中，有着各民族情感的传递，精神的寄托。

在海北大地上，从羌、吐谷浑、吐蕃、蒙古族等草原游牧民族政权与农耕文化的交融，形成了青海湖祭海、祁连阿柔逗曲、门源华热服饰及回族宴席曲、刚察部落谚语、逗曲，加尼寺护法羌姆乐舞、金银滩马术、海晏唐卡、河湟剪纸、蒙藏回婚俗、郭米则柔、浩门走马、门源花儿会、皮影戏、社火、刺绣等多样灿烂的非物质文化遗产。来到海北，可了解、体验海北悠久的历史文化、浓郁的民风民俗、丰富的非遗项目。

多民族文化，雪域文化、中原文化等在此汇聚，彰显了海北文化的多元性。在海北的非物质文化遗产中，国家级非遗项目无疑是最为耀眼的。华热藏族服饰的历史源远流长，它是华热部落智慧与创造力的结晶，是穿在身上的艺术，视觉的盛宴。历史悠久的藏族民间曲艺——祁连“阿柔逗曲”，是阿柔部落在闲暇之余，以表演形式相互交流对世间万物的认识和看法，集趣味性、娱乐性、艺术性于一体的一种曲艺表现形式。回族宴席曲，宛如一首欢快的乐章，奏响了回族人的生活旋律，不仅为回族群众的生活增添了无尽的欢乐，也成为非遗中独具艺术魅力的项目。盛大的青海湖祭海盛典在特定的日子里举办，为五谷丰登，国泰民安祈福，成为青海湖沿湖地区藏族、蒙古族群众最为盛大的节日。丰富多彩、风格独特的非物质文化遗产吸引着众多游客前来欣赏，成为海北文化的一张亮丽名片。

除了国家级非遗项目，海北的 36 项省级非遗项目同样精彩纷呈。海晏蒙古族民间颂词、服饰，金银滩马术、河湟剪纸、酸奶鞣牛羊皮技艺、达玉藏族婚俗，祁连郭米则柔、藏族牛羊头装饰加工技艺、阿柔招婿习俗，门源浩门走马、搓毛绳技艺、奶皮制作技艺等，不仅是生活的技能，更是文化的传承。它们见证了海北人民的勤劳与智慧，从不同角度展现了海北的历史文化、民俗风情和传统技艺，每一项都蕴含着深厚的文化底蕴，让人不禁为之赞叹。

青海湖祭海仪式，古老的民俗传承

国家级非遗——青海湖祭海仪式，起源于唐代，至今已有近 1200 年历史。环湖草原是当地人的家园，养育了无数膘肥体壮的牛羊，因此青海湖在当地人的心目中是圣湖，每年都会举办隆重的祭海活动。

历史上，青海湖祭海是古老的蒙、藏习俗，祭一方湖水，求

藏族祭海 机耕尕白 / 摄

一切吉祥，后来，专成为藏族习俗。刚察部落、达玉部落、吐谷浑部落在千年前来到这水草丰茂的宝地，环湖而居，休养生息，成为圣湖的子民。清朝时，五世达赖喇嘛阿旺罗桑嘉措进京受封，途经青海湖为六畜兴旺而祭海，逐渐成为环湖群众固定的一个民俗活动。“青海湖祭海仪式”2008 年入选全国第二批国家级非物质文化遗产名录。

祭海活动每年农历四月二十日左右开始，在湖边搭建临时经堂，开始诵经，农历七月十五日正式举行。这一天是藏族人民的盛大节日，盛装而来的群众聚集在青海湖祭海台。他们手持宝瓶、哈达、风马等物品，先在“三牲拉则”下聚集，那里十几米长的贡桌上摆放着酥油、水果、蕨麻等贡品。悠长的螺号吹响，近百名寺院僧人在活佛的带领下集体开始诵经祈福，场面宏大、庄重。祈祷完毕，点火煨桑，并向群众发放糖果等祭品。

煨桑仪式结束后，大家分批次走向长999米的木质栈道，来到经幡环绕下的祭海台。木质栈道中间有108个转经筒，代表着佛祖的108个弟子，里面装有平安经、吉祥经。然后大家把手中用青稞、小麦、玉米、蚕豆、豌豆和着蜜蜡、珊瑚、玛瑙粉制作的宝瓶用力投到青海湖中，蔚蓝色的湖面上漂浮着一个个由活佛加持系带的生态宝瓶，它们化成众人心中的一个个美好的祈愿：国泰民安、人畜兴旺、风调雨顺、五谷丰登、安康喜乐！

祭海仪式结束后，一般还会在湖边举办赛马、射箭等民族传统体育活动，还有跳神、吉祥鹿舞等表演。

高原圣湖青海湖，浩渺、深邃，她不但养育着周边的牛羊，也滋养着人们的心灵。

阿柔逗曲，藏族的百科全书

草地上，盛装的卓玛们赛天仙，悠扬的“逗曲”唱醉了每个人的心。祁连阿柔逗曲距今已有269年的历史，是国家级非物质文化遗产。逗曲是藏族群众智慧的结晶，生活的乐章，文化的根脉，是非遗天空里一颗璀璨的星。

藏族民歌“逗曲”（藏语称勒喜合）是流传广远的民间艺术形式之一，青海藏族聚居区影响较大，流行区域覆盖了整个安多藏族聚居区，尤其流传于青海湖环湖地区。

祁连“阿柔逗曲”是一种历史悠久的藏族民间歌曲，是阿柔部落先民互相表达感情和交流思想的需要，在长期的劳动生产过程中创造的，后来演变为以智斗智，论辩万事万物为乐趣的一种表演曲艺。

逗曲内容包罗万象，有辩论宇宙万物的形成，演唱英雄事迹，描述民族习俗的，还有感怀情思，祝福吉祥的。可以说，天文地理，伦理道德，无所不唱。

“逗曲”因自己独有的人文及自然生存环境而曲调自成一派，节奏如行云流水具有浓郁的生活气息；其旋律悠扬辽阔，把草原民族自由、洒脱的性格表现得淋漓尽致。可体现藏民族的人文精神、艺术品格、生存状态和社会风貌，为民族艺术学的研究提供了原始性素材。

阿柔逗曲《山顶上的野牦牛》：

在那巍峨而连绵的高山之顶，
是野血牦牛时常出没的领地。
有我猎人身背藏枪出战之日，
遇野血牦牛是我的囊中之物。
在那浓荫茂密的林地中心带，
是猛虎寻食下山的必经之路。
……

“阿柔逗曲”要按照严格的演唱顺序或规律对唱。演唱内容主要分为以下几个步骤来完成，首先要唱祭祖颂赞之歌《道勒》，

藏族弹唱表演 西月 / 摄

慢慢进入赞美万物之歌的《勒卡姆嚓日》，再进入争辩——也可称以智斗智之歌《勒喜合》，再进一步引入理论问答或统称谜歌的《勒世巴》，最后以互道祝福的吉祥歌《勒扎西》结尾。唱词见物生情，内容极其广泛，艺术风格独特。在吉庆活动中成为重要的演出节目，深受群众喜爱，也是祁连县非遗表演的重要内容。

“逗曲”在当地婚礼中是主流节目，大家在大碗喝酒大口吃肉中可以唱到天亮。来到祁连大草原，听一听藏民族的“逗曲”，看一看他们活泼有趣的表演，感受草原藏民族浓郁的风情，不枉此行。

华热藏族服饰，英雄部落的文化印记

门源华热藏族服饰是国家级非物质文化遗产。海北门源是华热部落居住、生活的地区之一，是华热部落生产生活、繁衍生息的家园。“华热”意为“英雄的部落”，也译作“华锐”，传说是因华热部落男女皆兵，骁勇善战而得名。据说当年华热部落是由祖先华秀在松赞干布时代从青海阿尼玛卿雪山脚下东征而来。华秀带领部落来到珠固、仙米一带，看到此处山清水秀、草木茂盛就定居下来。经宋、元、明、清，华秀部落与当地各部落，各民族交往融合，形成了华热部落。自明清后，华热部落一直身处群山幽闭的林区及广阔的草原，与世无争，放牧生息。

华热部落主要聚居地在甘青边界两侧，即大通河、湟水河、庄浪河流域之间。华热藏族聚居区分布在青藏高原东北部的祁连山东端（冷龙岭）南北麓，西与祁连县阿柔相连，南与觉仓（乐都区、民和县南山）接壤，东与甘肃永登县毗邻，北靠甘肃古浪、武威、永昌等县（市），地处我国地形第一阶梯向第二阶梯的过渡地带，地形地貌类型复杂多样，群峰耸立，气势磅礴，景色壮丽，水资源丰富。门源华热部落主要分布在祁连山东段的珠固、仙米一带。

藏族衣着总体特点是：宽、长、大。袖长等身，衣长过体，不用纽扣，男袍在穿着时上提到膝部，女袍穿着时上提到与脚面齐，再用长带从腰间束紧，平时把右袖空垂于后，袒露右臂，是为了在生产生活中干活方便，怀中还可揣许多随身物件。这种衣服还可以日穿夜盖，一物多用。以前，男子藏袍以羊皮、羊毛料为主，现在也用绸缎、绒布等，更加多样化。藏服颜色一般以青、紫、黄为主。

在重要节日，华热妇女的服饰是一道亮丽的风景。妇女华贵的衣服多以鲜艳亮丽的绸缎为主，配以琳琅满目的装饰品，看起来雍容优雅，走起来铮铮有声。平时，妇女根据年龄的不同穿青、蓝、紫等颜色，除活佛、喇嘛外，普通人不穿金黄和红颜色衣服。

最引人瞩目的是妇女们的“辫筒”。她们的头发大多乌黑发亮，长发及腰，把乌发梳成辫子，装入精心绣制的辫筒，上面系以众多饰物，如银牌、珊瑚、玛瑙、珍珠、海螺、贝壳等。这是藏民族热爱大自然、敬仰大自然的一种表现。

据民俗专家研究，辫套上的各种饰物的排列、缀饰都有习俗惯例。华热藏族妇女的辫饰由辫套（加什细）和三大片及“哈勒”组成，辫筒一般宽约 3 寸、长约 3 尺，成对佩戴在胸前。三大片中间的一片最大，叫“头哈”，宽约 5 寸，长约 3 尺，两边两片叫“哈勒”，宽约 4 寸，长约 2 尺。三片用绳子连接成“小”字形，佩戴在身后和两侧。辫筒主要由刺绣花纹组成，一条辫筒上排列 6~8 幅图案，图案内容极为丰富，有云纹、水纹、卷草纹、回纹、万字纹、八宝纹以及花鸟走兽等，在花纹空当外镶缀 3~5 对提花银牌，或者海螺、贝壳。在刺绣手法上大都用盘绣。“哈勒”用棉布和皮革制成，厚重而坚挺，缀有纽扣、银牌、海螺、贝壳等，“哈勒”古朴似铠甲，华丽而庄重，如同出征战士的箭筒挂在身后两侧。

门源华热妇女的“辫筒”与其他藏族聚居区的有所区别，因为这个部落起初是一个男女皆兵，善于作战的部落，妇女们为了作战方便，把辫筒放在前面，因此保留到了现在。已婚妇女将头发梳成 108 条小辫后汇成双辫，装入一双长辫筒内，垂于胸前，压于腰带下，长及膝盖或达脚面。走亲戚或节日时戴长辫筒和大耳坠，平时戴长至膝盖的短辫筒和小耳坠。辫套以黑平绒为面，里衬红布，下端缀以红缨或黑缨，上下口以锦缎做成，每个辫筒正面各嵌有精细图案的银牌 8 枚，左右两侧共 16 枚。若无银牌，则用各色丝线刺绣的 14 块图案代替。花式大多采用伞、双鱼、瓶、莲、幢、螺、轮、吉祥结为点缀的“藏八宝”，银牌及图案有长方形、正方形和圆形几种。脖子上戴珊瑚、珠玉、玛瑙、绿松石等串成的项链，耳戴银制璎珞式大耳坠，喜戴金、银制或玉石、象牙、铜制手镯。手戴 2~4 个银制的马鞍桥式戒指，上嵌以绿松石、红珊瑚等。胸前多佩有银制或铜制的佛匣，称“嘎吾”。

夏季男服多为白色褐衫或紫红色穆褐衫，两侧有 8 寸的开衩，开衩处沿黑色布边，似桃形图案，材料是羊毛，用手工捻成极细的线，再用织布机织成布匹，而后制成服装。在平时穿称“子花”的白板皮袄，因屠宰绵羊的季节不同，有秋板皮、冬板皮之分，按毛的长短和皮板的厚薄，缝制不同季节穿用的皮袄。男式一般是黑布、黑条纹镶边或不镶边，饰以白羔皮外翻的斜长领；过去，比较讲究的以狐皮做领，羔皮或棕色的马驹皮镶边。夏天戴嵌黑边，顶缀红缨的尖顶白色毡帽，冬天戴叫“四片瓦”的四耳皮帽和绸缎做面，后面有缺口，缀两条飘带的“砖包城”狐皮帽。最有特色的是珠固、仙米流行嵌有铜、银顶座，上缀红缨穗的白色高筒毡帽，称作“车下”。

华热服饰 西月 / 摄

原生态华热服饰 殷正元 / 摄

华热新娘 西月 / 摄

现代华热服饰 西月 / 摄

过去男子也喜欢佩戴饰物，一般左耳戴大银环，手上戴戒指，贴胸佩戴佛像，腰间佩腰刀、火链、旱烟袋等。男女都穿用牛皮制作的长筒、厚底、圆头、鞋尖上翘的藏靴。

以前，藏服中最高级的是“擦日”，即吊面的羔皮袍。毛有白和青紫两种，尤以青紫为贵。皮板有毛短而卷曲的冬羔皮，毛长适中呈穗状的二毛皮，毛长板薄的长大毛皮。最上乘者为以团花和起花锦缎做面，豹皮做领，水獭皮饰边的礼服。一般皮袍以毛料、绒布、棉布做面料，多选用纯黑、紫青、墨绿、碧蓝、咖啡等颜色，用狐皮、白羔皮做领，璀毯锦缎做边饰。另外还有布袍，分双层夹袍和絮羊毛棉袍两种，布袍多为布、条纹做面料，也有用绸缎缝制并镶有水獭皮花边。贴身的内衣叫“晚装”，竖领、斜襟、长袖，袖子一般长过手指，长出部分挽起，使用金、银、铜等金属纽扣。

华热服饰是研究华热地区民众世界观和生活状况的重要依据，在民俗学研究中有着不可替代的地位。它保留了众多民间艺术、民间手工艺的原生形态，近年来，在许多大型的节庆活动中，华热服饰展演成为最重要的一项节目。随着优美的音乐，豪迈健美的华热男子和雍容华贵的华热女子款款向你走来，给你一场空前的视觉盛宴。

门源眉户戏，田间到舞台的文化传承

时而是二胡、板胡的悠扬，时而是铜锣的急促，略带沙哑的唱腔，热情观众的叫好声，在门源的山乡上空久久飘荡……原来，这是西滩乡边麻掌的眉户戏剧团在农闲时节给群众演出。门源眉户戏是省级非物质文化遗产。

门源西滩乡的社火出名，眉户戏也很有名。两百多年前，眉户戏从陕西流传到青海，成为青海特色剧种之一，后来也在门源县西滩乡边麻掌村落地生根。从 1952 年开始，从几个人的个人喜好发展成为一群人的“嗜好”，眉户戏正式组建队伍给群众演出，演员全是清一色男子。

在门源大地上，每年农闲季节和重大节庆日，西滩乡边麻掌的眉户戏剧团就开始忙活起来了。眉户戏剧团的叶培和、张发旺两个老传承人张罗着组织剧团成员操练起来，近 30 名演职人员扔下家务活迅速集合排练起来，年龄最大的有 70 岁，最小的

眉户戏人物扮相 西月 / 摄

眉户戏上妆 西月 / 摄

11 岁。

眉户戏的演出从庄重的焚香、请神仪式拉开帷幕。随后，他们开始描眉、扑粉，精心着装，轻试台步，每一个动作都一丝不苟。伴奏声起，大幕拉开，演员们在舞台上的一招一式、一腔一调，将人间的悲欢离合、冷暖炎凉演绎得淋漓尽致，让观众沉浸其中，感受着戏剧的魅力与人生的百态。

如果你对眉户戏情有独钟，不妨先走进他们的化妆间，从演员们化妆的那一刻开始感受。这些演员大多是地道的农民，可一旦拿起化妆工具，一招一式都透着专业与专注，让人不禁心生佩服。这是一双双长年累月扶犁拿镰、操持家务的粗糙大手，如今却能灵巧地描眉、扑粉、抹腮红，穿起长袍，甩起水袖，毫无生硬之感。生旦净末丑各司其职，每个人都精心打理自己的装扮。一切装扮停当，站在舞台上，他们仿佛瞬间穿越了时空，让人一下子认不出谁是谁，只是一个个鲜活生动的角色跃然眼前。

如果是晚上的演出，附近村寨的群众早已坐满广场。孩子们嬉笑打闹，男人们抽着旱烟，女人们嗑着瓜子，每个人的眼神都是急切的，都在企盼演出早点开始。

舞台灯火通明，乐队也都是村里的中老年人组成，他们精通二胡、板胡、锣、镲，合奏起来，气势逼人。

演出剧目一般都是老百姓喜爱的传统剧目《铡美案》《窦娥冤》《杨家将》《三娘教子》等，现在与时代接轨，也演一些现代戏《老来难》《尕布龙下乡不张扬》《高额彩礼》等，与现代乡风文明接轨，深受群众喜爱。

这些五大三粗的男人，演武生威风凛凛，演花旦婀娜多姿，

一招一式绝不含糊，唱腔委婉动听，在悲情戏中观众也被感染，泪眼婆娑；在现代戏中观众捧腹大笑，深受教诲。

演出落幕，但眉户戏的仪式并未结束。收锣、谢幕、卸妆，再到焚香、回神，每一个环节都严格遵循传统程序，毫不含糊。这不仅是对艺术的尊重，更是对文化传承的坚守，展现了眉户戏深厚的文化底蕴与独特的艺术魅力。

郭米则柔，祁连藏族部落的欢乐之舞

在风光壮丽的祁连黑河大峡谷地带，生活着喜歌舞的藏族人民。在郭米村，有藏族民间歌舞表演艺术——“则柔”。则柔即“玩要”之意，是一种以歌为主，辅以动作的表演形式，主要流

则柔表演 西月 / 摄

郭米则柔 西月 / 摄

行于青海和甘肃一些藏族聚居区。则柔一般在逢年过节、迎宾、祝寿、姑娘举行成人礼和婚礼、大型群众聚会等场合举行。属于仪式性、表演性、自娱性相结合的民间舞蹈，不分男女老少，均可在一起表演。祁连郭米则柔是省级非物质文化遗产。

郭米则柔有着漫长的艺术形成和发展历史，据史料记载早在唐代初期郭米部落的则柔逐渐成熟，郭米则柔主要流传在扎麻什乡郭米村及周边村镇。

则柔的内容广泛，有反应生产劳动和日常生活的，也有反应大自然和模拟鸟兽动作的，都属于农耕舞蹈。则柔舞蹈动作优雅秀美，步伐动作较慢，慢中有柔，柔中带颤，在动作变换时，那瞬间的微颤更能表现则柔内秀的特征。

郭米则柔同其他藏族聚居区则柔一样有双人、集体等表演形式。演唱时歌手以一手将袖托举高于头顶，另一手斜垂于下方成自然状，上身向前倾斜，双腿稍弯曲。先唱一声“阿则”，起句领唱后，众人随之放声相和，一句唱完变换方向回到原位。歌手动作形式变换多样，有相互搭肩，作前进、后退、自转等抒情动作；亦有换帽子、肩碰肩等风趣热烈的动作；有的则配合歌词内容做挤奶、割草、骑马，射箭等形象动作。

则柔动作中圆、稳、柔、颤是重要韵律，往往在舞蹈时保持体态的半圆与平稳，“柔”与“颤”的紧密结合，有时甚至微颤的同时摇头，以示自我陶醉，则柔成为藏族聚居区农耕舞蹈的代表。则柔曲调优美动听，女声如草原百灵，清脆悦耳，男声如山间泉水，清澈透亮。歌词丰富，风趣幽默，具有浓郁的生活气息，歌手还可以随性发挥，即兴编唱。则柔的特点是以歌传意，辅助比拟性动作。由于歌词的幽默和动作的夸张，往往逗得围观者捧腹大笑，并且则柔舞蹈动作简单，内容广泛，接近人们的现实生活，因而受到广大群众的喜爱，表达了他们对美好生活的感念与追求。

郭米则柔表演中，有时还穿插以藏族服饰展示为主的节目。妇女们身着华丽的绸缎袍子，配以昂贵的珊瑚玛瑙及金银饰品，特别是身上艳丽的藏绣，与地上的花朵竞相媲美，引得观众纷纷上前与她们拍照留念。

原生态非物质文化遗产，历史悠久、厚重，会让你看到鲜活的海北民族文化，了解不一样的风情。

CHAPTER 08

海北美食——高原孕育的味蕾狂欢

探寻那些隐藏在山水之间的美食密码，留下难忘的记忆。

祁连县美食 杨春丽 / 摄

海北，美景与美食交织的梦幻之境，来海北，探寻那些隐藏在山水之间的美食密码，为旅行留下难忘的记忆。海北的美食世界，丰富多样，每一种都散发着独特的魅力，让人口舌留香，欲罢不能。

海北美食有哪些 牛羊肉，无疑是海北美食的代表。在这里，客人们可以品鉴到最原始的鲜美。其中，最出名的是“羊肉手抓”“羊羔肉垫卷子”，选用当地天然牧场中吃鲜嫩青草、喝雪山融水长大的藏羊，肉质鲜嫩多汁，毫无膻味，色香味俱全，瞬间就能点燃人们的食欲。用手抓起一块羊肉，放入口中，感受着那鲜香的肉质在齿间散开，满口肉香，让人陶醉其中。这种大口吃肉的豪爽，正是海北美食的独特魅力所在。以牦牛、藏羊为主要绿色食材，形成了牛羊肉及乳制品为一体的海北主要特色食品——牦牛肉、牦牛肉干、牦牛奶、牦牛酸奶、牦牛奶酒、曲拉、酥油、烤全羊、烤羊肉串、烤羊蝎子、烤羊肠等，保证让你吃得嘴角流油，直呼过瘾。

海北是农牧结合的地区，因此其他绿色食材也很丰富，各类特色美食让你口舌生香。当你漫步在西海镇、海北四县的民俗街、美食一条街中，当地风味独特的各类美食会牢牢牵住你的味觉。除了藏族、蒙古族的肉类食品，汉族、回族的各类特色小吃也会让你满口溢香，满心欢喜。比如麻辣烫、土火锅、麻辣火锅、各类炕锅、各种饺子、包子，野菜等。面食也很丰富：面片、拉面、杂酱面、烩面、手工面、当地特有的青稞面长面、搓鱼儿等，还有很多特色小吃，比如“狗浇尿”“背口袋”、豆面饭块、酿皮、粉汤、麦仁饭、炒凉粉、炕锅洋芋、炕锅土鸡、糌粑……每一种，

祁连县美食 杨春丽 / 摄

都是代代传承的经典，每一口，都是海北味道。

高原孕育的美味传奇 俗话说“千里不同风，十里不同俗”，各地的美食也因不同的地域环境造就了不同的味觉传奇。海北地处青藏高原东北边缘，有着连绵的山脉、广袤的草原，温暖的河谷，其独特的地理位置和复杂的地形地貌，造就了这里冷凉的气候类型和丰富的自然资源，为美食的诞生提供了得天独厚的条件。海拔3000米以上的地区是牦牛和藏羊的天堂，它们吃鲜草，饮雪水，在绿色、无污染的地方生长，因此这里的牛羊肉营养价值高、微量元素多、口味鲜，成为大众喜爱的食材。祁连、刚察两县藏羊入选全国农业品牌精品培育名单。

门源青稞获得国家农产品地理标志认证。在海北的农业区，由于光照充足，太阳辐射强烈，昼夜温差极大。这种独特的气候条件，使得青稞、小油菜、土豆、燕麦、豌豆等农作物的生长周

青稞 西月 / 摄

期较长，有利于营养物质的积累。门源境内的冷龙岭、达坂山一带广泛分布的中基星火山岩风化物为门源盆地提供了硒物源，富硒土地共有 1900 平方千米，成为全省最大的青稞、油菜供种基地。经济作物有香菇、蕨麻、冷水鱼、汉藏药材、蔬菜等，为本州和周边地区提供绿色、有机的食材。

丰富的水资源也是海北地理环境的一大优势。这里冰川广布，河流纵横交错，湖泊星罗棋布。青海湖及其周边的湿地和草原为众多野生动植物提供了栖息地。浩门河等河流为农业灌溉提供了水源，保证了农作物的生长。淡水养鱼业也得到发展，给餐桌增添了不一样的美味。

多元的民族文化交融

藏族是海北的主要民族之一，他们的饮食文化与生活方式密切相关。藏族人民以畜牧业为主，因此牛羊肉和奶制品是他们的主要食物来源。酥油茶是藏族日常生活中不可或缺的饮品，它由酥油和茯茶混合而成，香气浓郁，既能补充体力，又能抵御寒冷。喝酥油茶时，通常会搭配糌粑（青稞炒面），将糌粑用酥油茶拌成面团，捏成小团食用，方便又美味。蒙古族的饮食文化也为海北的美食锦上添花。蒙古族以游牧为生，他们的饮食以牛羊肉、奶制品和面食为主。烤全羊是蒙古族招待贵宾的最高礼仪，奶制品也非常丰富，如奶油、奶酪、奶疙瘩等，这些奶制品富含优质蛋白质、脂肪以及钙、铁、锌等多种微量元素，食之松脆爽口，风味独特。

回族在海北也有着悠久的历史和独特的饮食文化。他们的饮食为清真食品，注重食材的新鲜和卫生。回族的美食有牛肉拉面、羊肠面、清蒸牛蹄筋、酿皮、奶皮等，还有色泽金黄，口感酥脆的油炸食品——馓子以及入口香酥的油香（烫面油饼），是回族人在节日和庆典中必备的美食。

在海北，各民族的饮食文化相互交融，相互影响。汉族的烹饪技艺和食材也融入了当地的美食中，形成了许多独具特色的菜肴，比如“八大碗”以及各种卤肉、面食。同时，不同民族的美食也在相互借鉴和创新中不断发展，既保留了各民族美食的独特风味，又满足了不同食客的口味需求。

海北美食的烹饪方式，质朴而简单，却蕴含着对食物最本真的追求。烤、煮、蒸等常见的烹饪方式，不仅保留了食材的营养，更展现了海北人民对生活的热爱和对美食的敬畏之心。这些本土的美食，宛如一首首悠扬的牧歌，在高原的蓝天白云下，诉说着这片土地的故事，似乎每一口都蕴含着高原的阳光、草原的清风和雪山的纯净。它是大自然的慷慨馈赠，是多元民族文化交融的结晶，更是每一位热爱美食之人不可错过的味觉盛宴。海北美食是一种文化的传承，一种情感的纽带。它将不同民族的人们紧密地联系在一起，共同分享着生活的喜悦和幸福。

探寻美食的奥秘，感受这片土地的独特魅力。可以在辽阔的金银滩草原上、祁连草原上，一边感受着草原的空阔、寂寥，一边品尝着手抓羊肉；在蔚蓝的青海湖畔，一边欣赏着鱼鸟嬉戏的美景，一边品尝着青稞美酒；在热闹的集市中，一边体验着当地的风土人情，一边品尝着各种特色小吃。海北藏族自治州，这片充满梦幻的土地，正张开热情的怀抱，欢迎每一位热爱美食、热爱生活的你远道而来。

海北牛羊肉，餐桌上的经典美味

不同的地方，不同的民族，不同的生活习惯，形成了不同的美食风格，孕育了不同的美食传奇，每个地方的美食中都藏着当地人的味觉密码。高原美食以牛羊肉为主打，做法相对粗放、简单。海北草原广袤，牛羊成群，肉类、奶制品美食自然成为主食。炒菜、包饺子几乎顿顿不离肉，人人形成了无肉不欢的饮食习惯，也因为营养丰富的牛羊肉对高寒地区的人来说，是补充高能量与

高原至尊牛八件 杨春丽 / 摄

天境祁连烤牛排 杨春丽 / 摄

热量的最好食物。

来到海北，不可错过大盘“手抓肉”。“手抓肉”顾名思义，沿袭了藏族、蒙古族“大块吃肉，大碗喝酒”的习俗。当地人爱开玩笑说，这里的牛羊是“吃虫草，喝矿泉水，拉六味地黄丸”的牛羊。不过，此话也基本是名副其实，因为这里的草原上到处生长着柴胡、羌活、大黄、红景天、冬虫夏草等中药材，雪山上流下来的泉水纯净甘甜，富含矿物质，这些绿色的牛羊肉，肉质鲜美，口感细嫩，营养丰富，味道纯正，煮时只放盐、花椒就香味四溢了。

当你在西海镇或四县的街道漫步，商铺林立，饭馆遍布，烤肉摊随处可见，烤肉的香味令人垂涎欲滴。一串串肥瘦相间的羊肉，烤得油滋滋的，香气四溢，还有烤羊排、烤羊蝎子，烤肉肠，随你挑选，配上啤酒，笑谈间和朋友们尽情享受。如果你想吃牛肚、羊肚做成的杂碎汤，随便走进一家都很地道。还有羊肉指甲面片和各种小炒，量大味道好，深受客人们的喜爱。

草原上的牧人有些喜欢吃“开锅肉”，煮上一小会儿，血水初凝就可以吃了，能保持肉类特有的新鲜和营养。吃羊肉如果蘸蒜更有利于营养的吸收，也增添了口味。汉族、回族人家煮牛羊肉会放上盐、花椒、姜丝、草果、肉蔻等，完全煮熟后食用。

如果你到藏族和蒙古族的“牧家乐”或家里，他们招待你最好的美食就是手抓肉。煮上完整的羊肋条或牛肋条，出锅盛放在大瓷盘里，然后双手递上专用的刀子叫你慢慢享用，在视觉上形成诱人之势，让人垂涎欲滴。一般情况下，吃肉时还要配上一盘肠，有血肠和肉肠。血肠是用刚宰杀牛羊的新鲜血液配以油渣

全羊尾 西月 / 摄

（牛羊身上的脂肪）、盐、葱花、花椒做成的；肉肠是用最好的里脊肉配以油渣、盐、花椒、葱花等做成，香味扑鼻，老少皆宜，自成特色。亲朋好友在一起吃手抓肉时，还常常配以青稞酒，一边吃肉一边喝酒一边唱歌，说着掏心窝子的话，唱着“酒曲儿”（酒歌），吃着香喷喷的肉，幸福满满。

“干肉”是比较珍贵、稀缺的，干肉一般在冬季制作。制作时，先把鲜肉悬挂在房梁上，用柴火熏，最后需要长时间风干。干肉可以长期存放，有嚼劲，香味久久回旋。不过其制作过程复杂，三四斤鲜肉才能做成一斤干肉，所以比较珍贵，一般很难吃到。店铺里的牛肉干是工厂加工，增添了更多年轻人喜欢的麻辣味。

肉食中较为出名的一道做法叫“羊羔肉垫卷子”，入口鲜香，肉质软嫩，营养丰富，是肉类食品中的经典。把羊羔肉用先煮后炒的方法在大铁锅里面慢慢炖上，上面放上卷了姜黄、香豆的馍馍做熟。揭开锅盖，香味扑鼻，羊羔肉鲜嫩无比，花卷馍馍里面渗进了肉味，更加诱人，是招待贵宾的佳肴，是各“农家乐”“牧家乐”的招牌硬菜。

烤全羊也是草原上的一道独特美食，外表酥脆，肉质鲜美，回味无穷。如果朋友众多，可以品尝。把一整只膘肥体壮的羊肉提前用盐、辣子、花椒、孜然等调料腌制，入味后架在木柴上均匀上火，慢慢烤熟，等羊肉冒着油泡，滋啦作响，香气已经弥漫在四周，只等宾客们吃个酣畅淋漓。熬饭也是一大特色，是用牛羊肉和土豆、萝卜、凉粉等共同熬制的饭，非常可口、美味。

如果你想品尝高原冷水鱼，金鳟鱼、虹鳟鱼是不错的选择，肉质鲜嫩，营养丰富，在高原也能吃出江南的味道。

青稞美食，流传千年的人间烟火

青稞是世界上最古老的作物之一，青稞在青藏高原农业区被广泛种植，作为高原人赖以生存的主要食品，历来被人们视为神圣之物，象征丰收和财富。青稞所独具的耐旱、适应性强、产量稳定、易栽培、多用途等特性，特别适应寒凉气候条件，因此海北的农区以种植青稞为主。青稞也叫“裸大麦”，种植史可追溯到 3500—5000 年前。农村人从小吃青稞面长大，牧区人从小吃“糌粑”（青稞食品）长大，高原青稞是海北人过去赖以生存的主食。随着经济发展，小麦、大米等的足量供应，现在青稞面食品变成了特色小吃，可以在市场的小吃店或“农家乐”里品尝。

门源青稞基地 西月 / 摄

青稞面食品 西月 / 摄

搓鱼儿 西月 / 摄

门源是青稞种植基地，青稞面食品花样繁多。用青稞面可以做馍馍不同的做法有不同的叫法：油花儿、锟锟儿、油锅盔、杂面饼子等；做面饭，包括寸寸面、搅团、长面、搓鱼儿等。其中，“搓鱼儿”的做法最传统，最好吃。因为是手工搓出来的，下在锅里形如游鱼而得名。

“搓鱼儿”味道醇厚，工艺传统。挑选上好的青稞磨成面，和面时放上黄磨菜籽（一种有黏性的植物），起到黏合的作用，因为青稞面性比较松散，不够筋道，为了增加韧劲，还要放上较多的碱面。和面要掌握好软硬程度，太硬搓不开，太软不筋道。和上恰到好处的面后，女人们就开始大显身手，在松木做成的七、八尺见方的大面板上甩开膀子开始搓，现在小巧的竹子面板太过于光滑，是搓不成的。

先揪两个指头蛋大的面团，搓成条，在巧手媳妇们的手下像变魔术似的，不一会儿又长又细又匀称的一尺多长的“搓鱼儿”就成型了，手巧的人同时能搓出四条。当一把“搓鱼儿”下在大铁锅翻滚的白开水里时，真像无数条又细又长的鱼儿在水里嬉戏。几分钟后捞出来放在凉开水里过一下装到盘子里，然后配以清油炝的葱花，撒上盐，放上油汪汪的辣子和最佳搭档炒洋芋或酸菜，大功告成，吃起来吸溜溜响，酣畅淋漓。因工艺复杂，风味独特，过去是招待贵客的上品。

小吃摊上还有一道特色小吃叫“麦索儿”，立秋后，把快要成熟的绿色青稞摘回来，煮熟，在簸箕背上把麦粒搓下来，把麦芒收拾干净，在小石磨上磨成条，用清油炝上葱花、撒上盐等就可以吃，味道鲜美无比。

特色小吃，舌尖上的浪漫之约

每个旅人行走千山万水，一路相伴的必定是当地的美味小吃。海北的美味小吃名目繁多，当你赏景归来后，走进美食店、牧家乐、农家乐、美食一条街，各类美食在等你品尝。吃在海北，会给每个旅人独特的美食体验，同时，遍布街道的罐罐茶、小酒馆也会让人停下脚步，放松心情，留下美好的记忆。

“荨麻口袋” 海北地区的山里生长一种能吃的草本植物，叫荨麻，父辈们发明了一道小吃叫“荨麻口袋”，俗称“背口袋”，口味独特。七八月份可以山里采摘荨麻，采摘时一定要戴上手套，因为这种植物浑身长满了小刺，晒干、磨细后和上蒜泥、面、花椒、生姜、盐，再烙上薄薄的“扫鸡毛油饼”，把这些卷放到里面，做出来后因状如口袋，因此叫“荨麻口袋”“背口袋”，吃起来透着植物的清香和“扫鸡毛油饼”的酥脆，别有风味。

洋芋食品 洋芋即土豆，当地人叫洋芋，是餐桌上最常见的食材。在海北，做法也有很多种，炒洋芋丝、洋芋片，煮洋芋，蒸洋芋等，还可以做成洋芋粉条、洋芋丸子，许多饭菜中也用洋芋做辅料。其中，饭馆中最常见的是酸辣土豆丝、焐洋芋（即煮洋芋）、洋芋酿皮。上了年岁的人，留在记忆深处的是用柴草在乌黑发亮的大铁锅里，煮得金灿灿的焦巴洋芋。农家饭中就有一道炕洋芋，特别好吃。

野菜 海北的夏天还有很多野菜，让你体验全新的口感。比如，生长在森林、坡地的鹿角菜、地皮菜、柳花菜、苦苦菜以及野生在田地里的小胡萝卜等，在厨师变魔术般的厨艺中，满口留下山野的清香，让不一样的美食，满足你的味蕾，让“海北味道”在你的旅途中留下美好的回忆。

“阿卡包子” 在海北藏族聚居区，你会吃到“阿卡包子”。“阿卡包子”是藏传佛教寺院的包子，是僧人们日常食用的食物，里面全是牛羊肉馅，是货真价实的肉包子，且汤汁肥美，饥肠辘辘的食客吃了很有满足感。

牦牛酸奶 酸奶几乎各地都有，但在海北藏族聚居区，你可品尝地道的牦牛酸奶。表面一层金黄的奶油，放上白糖，香甜可口，奶香味醇厚，既解渴又抗饿，是营养丰富的高钙食品。

麦仁饭 顾名思义，是把麦子和肉放一起煮熟的主食，口味

海北小吃 西月 / 摄

酿皮 西月 / 摄

牦牛酸奶 西月 / 摄

凉拌野菜 西月 / 摄

海北特色小吃 西月 / 摄

炒土鸡 西月 / 摄

浓香。麦仁饭在烤羊肉摊点有售，游客在逛夜景时随便坐在一个烤羊肉摊点，吃过美味的烤羊肉后，再来一碗香喷喷的麦仁饭，堪称一顿完美的晚餐。

蕨麻饭 蕨麻俗称“高原人参果”，以前是野生的，现在有大规模种植。蕨麻有着褐红色的外表，雪白香甜的瓤，一般比黄豆大。煮熟可以与米饭搭配，放上白糖吃；还可以与玉米炒熟混搭吃，给你的味蕾不一样的体验。

“狗浇尿” 在海北，有一种小吃是用菜籽油煎制成的薄油饼，它有一个诙谐、奇特的名字——“狗浇尿”，名称来源于它的制作工艺。将小麦面和好揉匀、擀开，撒上香豆粉，用菜籽油抹匀卷成长卷，切成小段压平擀薄。在烙制过程中，要边烙边沿锅的四周浇少许菜籽油，而且要反复地浇油，这一动作就酷似狗在撒尿一般，所以就有了“狗浇尿”这个有趣的名字。出锅的“狗浇尿”色泽金黄，冒着油泡，在上面撒上白糖口感更佳。吃起来香甜酥脆，麦香与油香完美融合，令人赞不绝口。

畅游海北大地，品尝舌尖美味，在高山大河中感受梦幻海北，在绿色美食中回味温馨乡恋。

CHAPTER 09

海北特产——绵延千年的乡土秘语

是大自然慷慨的馈赠，也是海北人民智慧与勤劳的结晶。

羊绒围巾 西月 / 摄

海北藏族自治州地大物博，其独特的地理环境、气候条件和民族习俗，在漫长的时间长河中形成了海北与众不同的地方特产，这些特产还与当地悠久的种植和养殖传统密切相关。丰富的特产如同繁星般闪耀，它们是大自然慷慨的馈赠，也是海北人民智慧与勤劳的结晶。

海北山水相依，草原牧草丰美，平川土地肥沃，森林气候温润，民族众多，民风民俗浓郁，造就了物产的丰富性。肥美的祁连草原不但能源源不断地提供牛羊肉，还是驯养鹿的基地，祁连绿野鹿场生产的鹿茸、鹿血酒等高端鹿产品享有盛誉，是药用、滋补精品。

门源土地肥沃，富硒土壤有机质含量较高，保肥保水能力强，为油菜、青稞、土豆的生长提供了充足的养分，是海北的农业基地。数十万亩油菜花田，出产高营养、纯正的花粉、蜂蜜、蜂王浆以及其他蜂产品，小菜籽油味道香醇而受大众喜爱，远销省内外。几十万亩的青稞不仅成了农区和藏族聚居区不可缺少的食品，秸秆也变废为宝，成了手工艺品的好原料。风味独特，营养价值高的门源奶皮，是回族地区群众最拿手的、用传统制作技艺制作而成，色泽金黄，软糯香醇。海北地区因亿万年的地质变化，还孕育了金、铜、煤、石棉、玉等丰富的矿产，其中祁连玉深受大众喜爱，玉饰品是特产中一道亮丽的风景。

海北高海拔的草原在雪山水的滋养下，生长着冬虫夏草、雪莲、红景天等珍贵中药材。藏族的唐卡、羊皮画、嘛呢石刻、藏毯独具特色；回族的刺绣产品、窝儿药枕等别具一格……每一件，都体现着民族风情，每一件，都是赠送亲友的佳品。

天然物产，海北的金名片

一路美景，一路特产，海北的特产，是大自然与人文交织的诗篇，每一行都书写着高原的壮丽与温情。它们是这片土地的灵魂，是高原的馈赠。

祁连玉 相信很多人对下面这首唐诗并不陌生："葡萄美酒夜光杯，欲饮琵琶马上催，醉卧沙场君莫笑，古来征战几人回。"这首唐朝诗人王翰的《凉州词》抒写了将士们举杯痛饮，视死如归的感人场面。诗中的"夜光杯"是指用美玉做成的酒杯，相传献给周穆王的玉杯，晚上能闪闪发光。这"夜光杯"就是用祁连玉做成的，祁连玉质地坚硬，高低温下不易开裂，盛酒不变味，天然光泽长存，还有对人体有益的微量元素。用祁连墨玉做的酒杯，泛着暗绿色的光晕；白玉、黄玉做的酒杯，晶莹剔透，拿在手上，轻巧、光滑，玉的温润气息扑面而来，比其他材质的酒杯更有质感和美感，似乎酒杯中的美酒喝起来也便比普通酒杯更有口感。

祁连县是一个地质宝藏丰富的地方，有规模较大的煤矿、石棉矿，也是海北唯一一个产玉的县份。当年，温家宝总理曾在祁连县领队进行地质勘查工作。祁连玉石主要分布在玉石沟，野牛沟、五松塔拉、热水沟、托勒河等多处，地质总储量 8 万余吨。人们习惯把山里的玉叫"山料"，水里的玉叫"水料"，水中的玉因水的滋养而质地更好。已开采的玉有白玉、花玉、绿玉、翠玉四种，故叫"祁连彩玉"。祁连玉色泽鲜丽纯真、青翠滑润，质地均匀。祁连玉又叫"祁连宝玉""祁连翠"，祁连翠可与翡翠相媲美。

以前，可以说“祁连遍地玉”。据说当年放牧者走在山沟里，路上随便捡一块石头仔细一瞧，就是玉石。俗话说玉无价，如此商机，惹人眼馋，于是采挖玉石的人群蜂拥而至。

早年间，产玉的山沟路不好，人们把几十吨的玉石采挖下来，用钢钎每天挪移几米，就这样移动到有路的地方，再用起重车装起来，运下山。后来，爱玉人长途跋涉，到祁连的山间、河沟去捡玉，有时候会有很大的收获。开采的玉被玉石厂大规模加工，样式丰富的玉镯、玉坠、项链、摆件、酒壶、酒杯等玉器源源不断地供应市场，满足人们对玉的喜爱。祁连县城卖玉的商铺比比皆是，随便你走进哪一家店铺，总有琳琅满目的美玉可供挑选。

祁连黄蘑菇 生长在祁连海拔 3000 米的草场上的黄蘑菇，是大自然赐予的珍贵礼物。这种蘑菇个大、肉厚、水分少，质地细密，味道鲜美无比，风味浓郁香滑。它的蛋白质含量极高，还富含多种矿物质、氨基酸和维生素，特别是“硒”的含量颇高，被人们赞誉为“草原仙菇”。在清朝时期，祁连黄蘑菇还是皇家的贡品，又被称为“皇菇”。无论是酥油烤蘑菇，牦牛肉炒黄蘑菇，还是羊肉黄蘑菇面片，黄蘑菇炖鸡汤，每一种吃法都能让你领略到它独特的鲜美，感受高原食材与简单烹饪方式碰撞出的奇妙火花。

门源菜籽油 门源是著名的北方小油菜种植基地，以“百里油菜花海”走进大众视野，因种植面积大而闻名于世。一川一坡的油菜花结了籽，榨了油，该有多少？酿取的蜂蜜、花粉、蜂王

祁连黄蘑菇 西月 / 摄

土榨小菜籽油 西月 / 摄

浆又有多少？“门源油，遍街流。”这虽然是人们的一种戏说，不过也是门源县油料资源丰富的一种真实写照。这里生产的菜籽油营养丰富，是无公害的绿色产品。小油菜适宜于祁连山下的高寒气候，7 月开花，8 月结籽，10 月收获，老百姓到油房榨成清亮亮的菜籽油，家里满满储存一大缸，庄户人家心里就踏实了，炸馓子、炸油饼、炒菜做饭，一年四季饭桌上就飘着香味。门源人走亲访友，一般都喜欢提上一桶菜籽油作为礼物。

门源蜂产品　当油菜花盛开的季节来临，养蜂人从遥远的地方赶来，来到这片金黄的花海。他们在菜花地旁搭建起一顶小帐

割蜜　韦志皓 / 摄

篷，将蜂箱整齐地排列成一行。蜜蜂们在花丛中忙碌穿梭，开始了它们“甜蜜的事业”。蜜蜂因油菜花而充满活力，油菜花也因蜜蜂的采蜜而更加娇艳动人。那嘤嘤嗡嗡的声响，是这些勤劳的小精灵在天地间奏响的最美妙的乐章。

养蜂人刚刚抵达这片花海，便迫不及待地给老顾客们打去电话。于是，他们带来的槐花蜜很快就被预订一空，顾客们迫不及待地品尝这份来自大自然的馈赠。过不了多久，当养蜂人开始收获油菜花蜜、花粉和蜂王浆时，大家又会纷纷前来采购，直到买够一家人享用一年的量，才心满意足地离去。

前来旅游的人，在路边的摊位上、临街的商铺都能购买到花粉、菜花蜜以及其他蜂产品。蜂产品有得天独厚的自然优势——无污染，高营养。蜂蜜、蜂王浆等是门源花海奉献给人们的“琼浆玉液”，蜂王浆、花粉、蜂胶、蜂蜜系列产品，天然、绿色、营养。老少皆宜，是提高人体免疫力，强身健体，是馈赠亲朋好友的佳品。花粉、蜂蜜、蜂王浆等蜂产品系列深受当地群众和游客们的喜爱。

冬虫夏草　冬虫夏草又叫虫草，生长在海北海拔 2500 米至 3500 米的高山草甸地带，是一种名贵神奇的药材。因前人对虫草的记述有“一物竟兼动物两性”使人深感奇妙莫测。所谓虫，是一种名叫草蝙蝠蛾的幼虫，所谓草，是寄生在虫子头顶上的一株菌类植物体。海北州的冬虫夏草色泽褐黄、肉质肥厚，富含人体必需氨基酸和多种微量元素，具有补肾益肺、止血化痰、爽神醒目的功效，以虫草为主药而制成的虫草酒、虫草精远销海内外，成为保健佳品，其高品质得益于海北州独特的地理和气候条件。

冬虫夏草 洛桑尖措 / 摄

假如你刚好在草原上挖虫草的季节来到这里，也很热闹。5月份，那些挖虫草的人，天不亮便起身，穿上厚棉袄，带上挖掘工具，骑上摩托车或开上小汽车出发，直奔草原深处。这种根部形似毛毛虫的药草，只有眼尖的人才能看见它。人们在朝露中匍匐在海拔 3000 米以上的草坡上，屏气凝神，仔细探寻虫草的踪迹。挖虫草无异于探宝，那惊喜那心跳，只有挖虫草的人才能体会。这些年，虫草买卖市场异常火爆。一根虫草按质量，十几元到几十元不等，对于劳动者，也是一笔不菲的收入，但现在的草原都是牧民承包的，过度采挖会破坏草原，因此，能挖上虫草的人也不多，因此虫草显得更加珍贵。

门源奶皮 这是海北回族地区乳制品的一大特色，门源回族群众制作的奶皮尤为出名。奶皮制作工艺复杂，把一盆搅匀的新鲜牛奶倒进大铁锅，用柴草慢火烧开，文火煨之，晾一晚，第二天早上取出一张厚厚的泛着金黄色、蜂窝状、油汪汪的奶皮。奶皮制作完全看制作人手下对火候的把控。食用时切成菱形小块，放在茶碗，软糯可口，满嘴溢香，营养丰富，是老人、小孩补钙首选的纯绿色食品。

手工制品，指尖上的艺术传承

海北是多民族居住的地区，不一样的风土人情造就了丰富多样的特色产品，特别是手工产品，汇集了海北人民智慧的结晶。

麦秆手工艺品 在祁连山怀抱中的黑土地上，青稞的身影摇曳在阳光中。它伴着村庄里的唢呐、鞭炮，袅袅上升的炊烟，吆喝牛羊的牧鞭，马匹的嘶鸣。天空，因流云而空阔；高原，因青稞而美好。在门源县浩门镇康庄路梦想小镇，福鑫体验馆里的青稞秸秆工艺品琳琅满目，应接不暇。展现在你眼前的是各种竖式、横式挂画，四条屏、组合画等挂画；玻璃框摆件、实木框摆件；青稞秸秆书签、青稞秸秆编织物等文创产品。

海北门源县是一个以农业为主的广袤之地，这里种植着几十万亩的青稞。青稞不仅是养育门源人民的主要粮食作物，其茎秆也堪称“宝物”，是牲畜饲养的重要草料来源。青稞茎秆激发了人们的奇妙想象，人们以青稞茎秆为原料，精心加工生产出各

麦秆手工艺品 公司提供

类麦秆工艺品，开辟出一条独具特色的创业之路。

青稞秸秆画的主要特点是就地取材、变废为宝、天然环保。画面形象、生动、逼真，其内容分为：花卉、文字、鸟兽、人物、建筑物、风景等；形式根据用途不同，分为：挂件、摆件以及秸秆书签、秸秆编织物等，不但有很高的艺术价值，同时还有较高的欣赏和收藏价值。是家庭、办公场所、宾馆、饭店、娱乐场所等理想的装饰艺术品，也是旅游纪念、赠送亲友及生日、开业、婚庆、乔迁新居等较高品位的赠品，更能增添各类场合的文化氛围，是当地民族特色文化产品，备受消费者喜爱。

刺绣　刺绣是海北各民族妇女传承已久的一种技艺，包含汉绣、藏绣、回绣、蒙绣等种类。在针法上有拉绣、盘绣、堆绣三大类，拉绣又分为扎绣、剁绣、补绣三种。各族妇女各擅所长，用刺绣把生活装点得五彩缤纷。刺绣在门源尤为突出，出现了以企业为龙头，联系各乡村妇女的一个刺绣产业链，刺绣这门古老的手艺，焕发出了新的生机。

门源刺绣曾在国内外展出。1978 年，门源刺绣在省城展出；1988 年，门源刺绣应邀到北京民族文化宫展出，深受各族人民及各国友人的青睐；同年，门源刺绣走向了世界，先后在索马里、塞内加尔等非洲国家展出。

妇女们用一双巧手把“鸳鸯戏水”“富贵牡丹”“干树梅儿”“并蒂莲花”“孔雀开屏”“天女散花”“喜鹊登枝”等充满美好寓意的图案用五彩丝线绣在衣服领口、袖口、枕头、鞋垫、袜子、辫筒（藏族服饰）、门帘、烟袋、荷包、苫单等上面，形成了一种独特的刺绣文化。

姑娘们从小学刺绣，把精美的绣品用于婚嫁；谁家姑娘、媳妇手巧，就看她的绣品的针脚、色泽、寓意，女方如果给男方赠送了绣品，就等于表明了自己的心迹。随着社会的发展，刺绣成为一种流行文化，门源县成立了以回族刺绣为主的“存福民间工艺合作社”，青石嘴镇、浩门镇圪垯滩都相继成立了以刺绣为主的私营企业。刺绣融进了流行元素，各类鸟兽虫鱼、花草树木、山石楼阁，地方美景都能绣出来，装裱成画，装点生活。在传统刺绣的基础上，还开发了十字绣、丝带绣等产品，各具特色。刺绣逐渐融入了日常生活，手提袋、手机套、卡套、笔套、拖鞋、

汉族刺绣 西月 / 摄

回族绣品 西月 / 摄

门源刺绣 西月 / 摄

鞋垫等都装点了美丽的刺绣，得到消费者的喜爱。

窝儿药枕 在门源县，回族人民独创了一种保健枕头，叫“窝儿药枕”，它是集传统保健和药疗于一体的独特产品。

门源县“窝儿药枕”外形美观，色彩丰富，这种工艺精美，舒适耐用的枕头，具有很好的保健作用，尤其适合老人用。药枕呈六角琵琶形，厚度约 10 厘米，中间镶有防止耳朵被挤压的梅花形、桃形或扇形洞眼。回族传统的“窝儿药枕”集精美的手工刺绣艺术，别致的造型艺术，科学的睡眠姿势，独特的药疗效果于一体，是深受大众欢迎的产品。

除了以上特产外，还有牦牛、藏羊、岩羊等仿真工艺品，藏族、蒙古族服饰，各景点冰箱贴、背包等琳琅满目的具有地方特色的纪念品，这些工艺品都蕴含着浓厚的地方特色，每一件都承载着这片土地的独特记忆。入手一款，定能为你的旅途增添一份美好而独特的回忆。

后记

对故土的抒写，来自于血脉深处的一种古老爱恋。

这份情感总在欲说还休间一路随行，成了行走时的心灵栖居地。我是一个诗人，大部分的乡土书写是在词与词之间跳跃。在诗中，家乡故土变得朦胧而渺远，成了意象之中的再现、怀念、追思，继而进入沉默、无言、虚空。突然有一天，我找到了一个畅所欲言的出口——就是这本《带一本书去海北》。

她就像初诞生的婴孩，稚嫩、新鲜，却充满了生命的张力与希望。让无数对大自然有爱的人，跟随我的视野去追寻，去体验，去拥抱她。倾听她古老而神秘的心语，观赏造物主呈上的百鸟鸣啭、千山争雄、万壑竞秀；看这方水土上的人们或躬身于农事，或牧放于草原，或从事于手艺。这里为远方的客人献上的不仅仅是山水盛宴，还有唇齿留香的美食，精美绝伦的手工艺品，多姿多彩的各民族歌舞……

写这本书是艰苦的，完全不能心随神思，需要在一个特设的框架里完成表达，这对于一个诗人来说是一次考验。同样颇具考验的是翔实的资料收集，原本以为自己对生我养我的这方水土了如指掌，但当从一个全新的角度去审视她，才发现她是那么神秘，藏着太多未知。众山在上，那里究竟有什么？大河奔流，它们从哪里来又到哪里去？花草树木、珍禽异兽，是怎样度过不为人知的一生？高原上的天空和大地、日月与星辰藏着多少未曾言说的深意？那些千年的古迹遗址深藏着怎样的秘密？多彩多姿的非遗文化是怎样代代相传下来的？这些都是需要去探寻的问题。幸好有前人的积累。感谢生活在这片大地上的前辈们，他们一直没有停下探寻本土文化的脚步，留下了诸如《海北藏族自治州志》《海北人文地理》《海北历史文化丛书》《海北藏族百年实录》《门源文史》《祁连文史》等无数文献，让我能从数十部书海中窥见一些真相。还有做“曼巴”（医生）的老哥，知道我写书需要资料，也打包寄来了当地的十几本史料书籍。

这本书的一半难度在于“有图有真相”。全书需要近二百张照片，所有图片都要自己去收集。幸好自己一直有“随手拍”的习惯，尽管拍照技术欠佳，但也积累了一定的素材，从数千张照片中选出了几百张，经过出版社的精挑细选，还差四五十张，多位摄影家朋友和摄影爱好者伸出了援助之手，慷慨赠予了自己的作品，在此深谢！同时要感谢出版社的编辑老师们，他们对待稿件精益求精，一遍又一遍不厌其烦地看稿，细致入微地提出修改意见，让这本书日趋完善，感谢编辑老师们！

书中若有疏漏与不足，恳请大家包涵——若想弥补这些未尽之言，或许需要您亲自踏上这片土地，用自己的脚步与目光，去感受那些我未能尽善尽美的部分。只愿这本书，能为热爱旅行的您，提供一点点微不足道的帮助。

西月　2025 年 7 月于西宁

图书在版编目（CIP）数据

带一本书去海北 / 西月著 . -- 北京 : 中国民族文化出版社有限公司 , 2025. 7. -- (中国这么美的 30 个自治州). -- ISBN 978-7-5122-2023-2

Ⅰ . K928.944.2

中国国家版本馆 CIP 数据核字第 202539YY50 号

带一本书去海北
Dai Yi Ben Shu Qu Haibei

总 策 划　刘彦明
执行策划　赵　天
作　　者　西　月
责任编辑　赵　天
排　　版　王韦韦
责任校对　李文学
出 版 者　中国民族文化出版社　地址：北京市东城区和平里北街 14 号
　　　　　邮编：100013　联系电话：010-84250639　64211754（传真）
印　　刷　鸿博昊天科技有限公司
开　　本　710mm × 1000mm　1/16
印　　张　16.75
字　　数　160 千字
版　　次　2025 年 8 月第 1 版
印　　次　2025 年 8 月第 1 次印刷
标准书号　ISBN 978-7-5122-2023-2
定　　价　78.00 元